安徽财经大学服务安徽经济社会发展系列研究报告 2019

# 安徽经济发展研究报告 2019

余华银　张焕明　著

合肥工業大學出版社

# 编　委　会

安徽财经大学科研工作始终坚持立足安徽做学问、服务安徽出成果，特别重视立足地方和行业需求构建多层次智库平台。安徽经济社会发展研究院是安徽财经大学设立的研究安徽经济社会发展的专门研究机构，拥有安徽省人文社科重点研究基地、省级协同创新中心、省教育厅智库和安徽省重点智库四个省级科研平台。这些平台优化资源配置、聚合科研力量，鼓励和引导教师围绕安徽省委省政府的重大发展战略选题，深入研究安徽经济社会发展中的重点、热点和难点问题，着力破解制约安徽地方经济社会发展的重大理论和现实问题，为建设特色鲜明的地方高水平财经大学提供了有益的智力支持，取得了较为丰硕的成果并积累了丰富的经验。安徽经济社会发展研究院努力实现在安徽经济发展方面的理论基础、政策研究与实践应用的紧密结合，打造成为立足安徽、面向全国的财经智库。

安徽财经大学每年出版的服务安徽经济社会发展系列研究报告是由安徽经济社会发展研究院组织相关学院的专、兼职研究人员编写出版。我校 2006 年公开出版服务安徽经济社会发展的首部研究报告——《安徽经济发展报告》，2007 年《安徽省县域经济竞争力报告》发布，2010 年《安徽省贸易发展研究报告》出版发布，形成我校服务安徽经济社会发展的三大品牌报告。至 2019 年，年度研究报告增至十部，主要包括：《安徽生态文明建设发展报告 2019——新安江生态补偿机制专题报告》《安徽投资发展研究报告 2019》《安徽贸易发展研究报告

2019》《安徽劳动就业与社会保障发展报告2019》《安徽城市发展研究报告2019》《助力乡村振兴——安徽农产品加工业发展研究报告2019》《安徽财政发展研究报告2019》《安徽县域经济竞争力报告2019》《安徽养老服务业发展报告2019》《安徽经济发展研究报告2019》等。

安徽财经大学服务安徽经济社会发展系列研究报告坚持稳定、控制数量、不断提升质量的指导思想，通过进入退出机制、激励机制、分级分类机制、合作机制、运行机制、评价机制和发布机制的改革，政策影响力和媒体影响力日益扩大。2016年，安徽经济社会发展研究院成功入围中国智库索引首批来源智库，并获大学智库指数排名中的普通高校第一名。根据《中国智库索引（CTTI）2018年发展报告》，2018年安徽经济社会发展研究院入选CTTI高校智库百强榜。

纵观这十部研究报告可以看出，报告的组织者与撰写者都付出了辛勤的劳动和不懈的努力。当然，我们也清醒地认识到，报告还存在这样或那样的缺点，与政府部门领导和社会各界对我们的期望还有相当大的差距，学校应当在智库建设方面做得更多、更好。我们坚信，只要坚持走下去，只要继续得到社会各界的关心和帮助，系列研究报告一定会越做越好！学校的智库建设也将结出更多的硕果！

**安徽财经大学党委书记、校长　丁忠明**

2019年4月20日

《安徽经济发展报告》基于翔实的统计数据，立足于认清安徽经济发展现状，预测安徽经济发展前景，分析安徽省的热点、难点经济问题，并就如何推动安徽经济持续健康均衡发展提出相应的对策建议。经过十多年的艰苦努力，《安徽经济发展报告》的内容不断丰富，影响力不断扩大，受到了广泛关注和多方好评。2019年，安徽财经大学统计与应用数学学院在历年《安徽经济发展报告》的基础上，又组织课题组编写了《安徽经济发展研究报告2019》。

本书共分为六章，具体内容如下。

第一章是2018年安徽经济发展形势分析。本章从生产、需求、收入和通货膨胀等角度分析了2018年安徽省经济发展的现状。

从生产角度分析。(1) 2018年，安徽省地区生产总值达30006.82亿元，按可比价格计算，同比增长8.02%，安徽省经济增速较上一年进一步回落，但增速仍高于全国平均水平，保持总体平稳、稳中向好的势头。分三次产业看，2018年我省产业结构调整成效明显，第三产业在经济结构转型升级的过程中发挥了重要的作用，发展速度逐季加快，对经济增长的贡献明显提升，成为安徽省经济稳定增长的新动力。(2) 工业增速创近四年新高，工业结构调整取得积极进展，效益明显改善。2018年，工业增长速度总体平稳，稳中向好，全年规模以上工业增加值增速创2015年以来的最高水平，增长9.3%，增幅比上年高

0.3个百分点，比全国高3.1个百分点。(3)房地产业增速总体平稳。2018年，中央和地方调控政策不断放松、去库存不断加码和宽松的货币环境，刺激了楼市的成交，房地产市场预期不断转好。(4)金融机构存贷款余额增速平稳。2018年，全省金融业呈现出健康平稳的发展态势。2018年，全省金融机构人民币存款余额50677.3亿元，增长11.1%，增幅比上年低0.5个百分点。人民币贷款余额38815.3亿元，增长12.6%，比上年高1.6个百分点。

从需求角度分析。(1)城乡居民消费保持较快增长，增速逐季提高。上半年安徽省城乡居民消费增长保持平稳，第三季度开始增速加快。(2)社会消费品零售总额再创佳绩。2018年安徽省社会消费品零售总额稳定增长，消费市场转型升级，新业态蓬勃发展。从经营地所在单位来看，城镇和乡村的社会消费品零售总额增长势头良好，未出现较大波动。(3)财政支出增速逐季回落，扎实推进民生事业建设。2018年，安徽省财政支出第一季度快速增长，从第二季度开始逐步回落。在支出结构方面，安徽省财政支出的重点仍为保障民生。(4)对外贸易发展受阻，出口额持续下滑。2018年以来，受国际市场需求和国内经济下行压力等因素影响，安徽省第一季度对外贸易发展势头增幅明显，但接下来便波动下降。(5)固定资产投资增速比上年有所加快，投资结构持续优化。2018年安徽省固定资产投资总量继续增加、增速较上年有所加快。分产业来看，第一、第二产业的投资比重上升，投资结构持续优化。从投资行业来看，制造业仍然是安徽省投资的重点领域，增速比上年明显加快。从投资主体来看，民间投资增速回升，外资投资增速加快，国有投资增速回落。

从收入角度分析。(1)规模以上工业利润回升，工业企业效益呈现明显好转的态势。2018年，随着我省供给侧结构性改革的推进，工业领域去库存、去杠杆、降成本取得积极成效，企业效益明显改善。(2)居民收入继续保持较快增速，城乡居民收入差距有所缩小。2018年，安徽省城镇居民人均可支配收入继续保持较快增速，城镇常住居民人均可支配收入为 34393 元，增长 8.7%，增幅比全国高 0.9 个百分点；2018 年，我省农村居民人均可支配收入保持稳定增长的态势，增速有所加快。2018 年，我省城乡居民人均收入倍差 2.46，城乡居民收入差距与上年相比缩小了 0.02，且安徽省的城乡收入差距低于全国的城乡收入差距。(3) 财政收入增速平稳，稳中有进，税收结构进一步优化。2018 年以来，全省财政收入保持两位数平稳增长。地方财政收入增长相对平稳，但同比增速波动较大。

从通货膨胀角度分析。(1) CPI 涨幅与上年相比基本持平，多项价格指数稳定上涨。2018 年安徽省 CPI 涨幅与上年相比基本持平。从结构上看，2018 年一季度、上半年、前三季度和全年安徽省 CPI 同比增长分别为 2.1%、1.7%、1.9%和 2.0%，基本上稳定在 1.9%左右。(2) PPI 季度同比增速回落，全年涨幅进一步回落。2018 年安徽省工业生产者出厂价格指数四个季度增速分别为 3.7%、3.8%、3.6%和 3%，与上年同期相比分别下降了 5.9、4.9、4.9 和 5.0 个百分点。2018 年安徽省工业生产者购进价格指数涨幅分别为 6.8%、6.4%、6.1%和 5.3%，与上年同期相比分别下降了 3.1、3.1、3.3 和 4.1 个百分点。

第二章是 2018 年安徽经济发展区域比较。本章将 2018 年安徽省经济发展状况与中部地区各省以及长江经济带各省市进行了横向比较。2018 年中部六省经济发展比较中，安徽省地区生产总值居第四位，增速居第二位，规模以上工业增加值增速位于中部六省第一位；安徽省社会消费品零售总额居第四位，增长速度居第一位，中部六省物价均较为稳定，安徽省物价保持在较为稳定的上升水平，在中部六省中并列第三位；安徽省城镇居民人均可支配收入仍居第三位，增速上升至第一位；安徽省固定资产投资总额增速以 11.8%居中部六省第一位；安徽省进出口总额居中部六省第二位，增速排名第三。

在 2018 年长江经济带十一省市经济发展的比较中，安徽省生产总值在长江经济带 11 个省市中排名第七位，位于江苏、浙江、四川、湖北、湖南和上海之后；安徽省规模以上工业增加值增速在长江经济带11个省市中排名为第三位，与2017年相比上升两位，低于第一名云南省和第二名重庆市；安徽省社会消费品零售总额居第七位，社会消费品零售总额占GDP比重居第六位；安徽省居民消费价格指数位于长江经济带第八名；安徽省城镇居民人均可支配收入与农村居民人均可支配收入排名均位列第七；安徽省固定资产投资额居第五，处于中游；安徽省进出口总额创历史新高，在长江经济带11个省市中排名第六，与2017年相同。

根据中部六省经济发展的综合评价结果，2018年安徽省在中部六省中的排名与2017年相同，居第四位，低于河南省、湖北省和湖南省，高于江西省和山西省。根据长江经济带11个省市综合评价结果，2018年横向比较中安徽省位于第七位，处于中游稍偏后的位置，低于江苏省、浙江省、上海市、湖北省、四川省和湖南省，高于重庆市、江西省、云南省和贵州省。纵向比较来看，2018年与2017年安徽省排名位置相同，没有变化，其他各省市排名也相对稳定，没有较大变动。

第三章是2019年安徽经济发展前景预测。本章在对2019年安徽省经济发展环境定性分析的基础上，采用多种统计模型对安徽省2019年经济增长、投资、消费、进出口以及物价水平等进行了组合预测。

根据组合预测的结果，2019年安徽省地区生产总值增长率约为8%，地区生产总值约为32407.37亿元，2019年人均GDP约为51810.34元，比2018年增加4098元左右；2019年安徽省进出口总额预测值约为723亿美元，与2018年相比增长14.82%；2019年安徽省社会消费品零售总额预测值约为12934.53亿元，与2018年相比增长11.63%；2019年安徽省居民消费价格指数预测值为102.5%。

第四章是2018年安徽各市经济发展比较分析。本章首先对2018年安徽各市经济发展现状进行了概述，然后构建了安徽各市经济发展综合评价指标体系，最后运用组合评价方法对2018年安徽各市经济发展情况进行了全方位的综合评价和比较。

安徽各市经济发展综合评价结果表明：2018年合肥、芜湖、马鞍山占据前三的位置。同时地处皖江城市带的滁州、宣城两个地市以及地处皖北地区的阜阳得分也较高，处于全省中上游水平，皖江城市带区域经济运行状况较好，皖北地区经济发展仍有差距。2018年安徽各市经济发展排名中，合肥、芜湖、马鞍山、滁州属于第一类，优势突出；阜阳、蚌埠、宣城的经济发展状况属于第二类，优势比较明显；六安、亳州、安庆、黄山的经济发展状况属于第三类，经济发展处于中游及中下游水平；宿州、淮北、淮南、池州、铜陵的经济发展状况属于第四类，经济发展水平比较低，经济发展得分均较低。

进一步参照瑞士洛桑国际管理学院的处理方法，把各地市排名位居安徽省前8位的经济发展指标列为该地区经济发展的资产，排名安徽省后8位的经济发展指标列为该地区经济发展的负债，编制了安徽省地区经济发展资产负债表。安徽省各区域经济规模、经济结构、经济效益和经济成长性的资产负债表显示，皖江城市带主要城市经济发展各项指标优势明显，如合肥、芜湖、马鞍山各项经济指标均处于优势地位，铜陵多数经济指标也位居安徽省前列，但该区域同时也存在一些问题，经济成长性的落后，表明发展的后劲不足。皖北六市特别是蚌埠和阜阳从2013年开始异军突起，各项经济指标均有较大突破，尤其是持续增强的经济成长性使该区域扭转了经济发展的劣势地位，缩小了差距。

第五章是安徽战略性新兴产业竞争力评价。本章首先对安徽省战略性新兴产业的发展现状进行了分析，然后构建战略性新兴产业竞争力综合评价指标体系，并对安徽省与中部各省战略性新兴产业的竞争力进行了综合比较。

本书从衡量战略性新兴产业竞争力的四个因素出发，构建了包括市场因素（战略性新兴产业需求和要素供给）、科技支持因素（人力资本因素、科研投入等）、空间因素（基础设施、人口密度等）、政府支持因素（财政支出等）四个方面的评价指标体系。分别采用主成分分析法、熵值法求得 2014—2016 年中部六省战略性新兴产业竞争力的综合得分，从而对安徽省战略性新兴产业在中部地区的竞争力有更显著的了解。综合评价结果表明：总体来看，安徽省近年来战略性新兴产业竞争力在中部六省中一直稳定在前三名，其中在市场、科技、政府、空间四大影响因素上，安徽省相较于中部其他五省总体上均处于前列，显示出了安徽省近年社会发展的强劲动力。

第六章是推进安徽经济高质量发展的政策建议。本章分析了 2018 年安徽经济发展的成效与不足，进而对推进安徽经济高质量发展提出相应的政策建议。

2018 年，安徽经济发展取得了重大成就，主要体现在：一是经济运行稳中向好，质量效益稳步提升；二是持续加强创新驱动，科技创新实现重大突破；三是深入推进供给侧结构性改革，结构调整取得积极进展；四是扎实推进扶贫举措，脱贫攻坚连战连捷；五是积极开展“五控”措施，生态环境质量明显改善。但在肯定成绩的同时我们也必须清醒地看到，我省在经济社会发展的过程中还存在不少问题和挑战，主要体现在：新旧动能接续转换不足，发展质量和效益还不够高，金融和实体经济的良性循环尚未形成，营商环境有待进一步优化，区域分化态势仍在持续，基础设施、基本公共服务等领域存在不少短板。针对这些问题，本章将基于 2018 年安徽经济发展的成效与不足，提出今后经济高质量发展的相应政策建议，主要包括：下好创新“先手棋”，为高质量发展注入新动能；打好“三大攻坚战”，决胜全面建成小康社会；统筹实施区域协调发展重大战略；大力推动制造业高质量发展；坚持民生优先，切实保障并改善民生。

**余华银　张焕明**

2019 年 4 月

# MU LU 目录

# 第一章　2018 年安徽经济发展形势分析

2018 年以来，面对复杂多变的外部环境和艰巨繁重的改革发展任务，全省人民在安徽省委省政府的坚强领导下，认真贯彻落实党中央、国务院各项决策部署，坚持稳中求进的工作总基调，按照高质量发展要求，持续深化供给侧结构性改革，全面实施五大发展行动计划，精准施策，攻坚克难，经济运行总体平稳，高质量发展取得重要进展。

为了更好地把握安徽省的经济发展形势，应对各种机遇与挑战，本章将从生产、需求、收入和通货膨胀等角度来分析经济发展形势，以期全面把握安徽省的经济走势。

## 一、从生产角度分析经济增长形势

### （一）经济运行总体平稳，产业结构不断优化

2018 年，安徽省地区生产总值达 30006.82 亿元，按可比价格计算，同比增长 8.02%。其中，一季度，全省生产总值同比增长 8.1%，比全国同期高 1.3 个百分点；上半年生产总值同比增长 8.3%，较一季度增加 0.2 个百分点，比全国同期高 1.5 个百分点；前三季度生产总值同比增长 8.2%，较一季度增加 0.1 个百分点，较上半年减少 0.1 个百分点，比全国同期高 1.5 个百分点；2018 年全省生产总值同比增长 8.02%，比上年同期减少 0.48 个百分点，比全国同期高 1.38 个百分点。由此可见，安徽省经济增速较上一年进一步回落，但增速仍高于全国平均水平，保持总体平稳、稳中向好的态势，如图1－1所示。

2018 年我省产业结构调整成效明显，第三产业在经济结构转型升级过程中发挥了重要的作用，发展速度逐季加快，对经济增长的

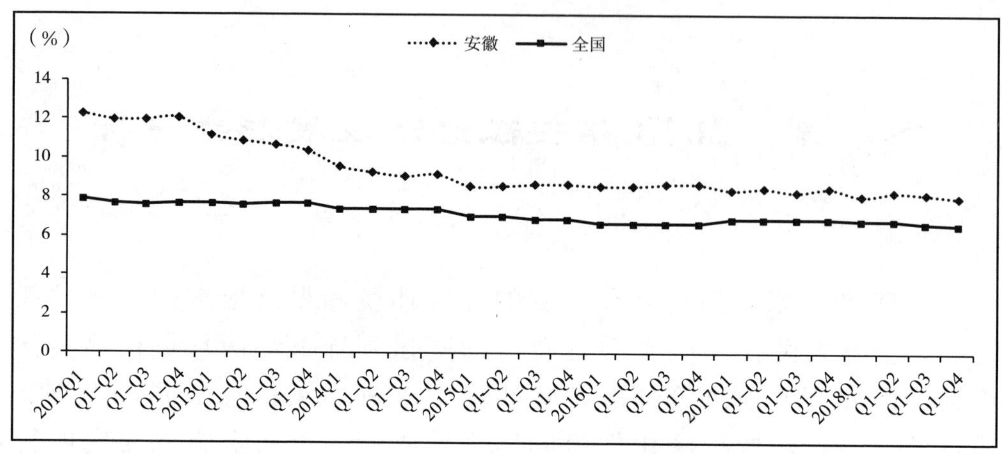


图 1－1　2012 年以来安徽省与全国 GDP 季度增长率

贡献明显提升，成为安徽省经济稳定增长的新动力。由表 1－1 可见，2018 年第一产业增加值保持平稳增长，一季度、上半年、前三季度、全年第一产业增加值同比增速分别为 3.8%、3.6%、3%和 3.2%，与全国同期增速相差不大；第二产业增加值增速保持平稳增长，一季度、上半年、前三季度、全年第二产业同比增速分别为 8.3%、8.4%、8.2%和 8.5%，分别比全国同期高 2、2.3、2.9 和 2.7 个百分点；第三产业增加值增速保持平稳增长，增速较上年有所回落，一季度、上半年、前三季度、全年同比增速分别为 8.5%、9.1%、9%和 8.6%，分别比上年同期回落 0.9、0.9、0、1.1 个百分点，分别比全国同期高 1、1.5、1.1、1 个百分点，见表 1－1 所列。2018 年，全省生产总值为 30006.82 亿元，第一、第二、第三产业增加值占地区生产总值的比重分别为 8.8%、46.1%和 45.1%。与上年同期相比，第一产业增加值比重下降 0.7 个百分点，第二产业增加值比重下降 2.9 个百分点，第三产业增加值比重则提高 3.6 个百分点，反映了我省第三产业对经济的支撑作用进一步增强。2018 年，全国第一、第二、第三产业增加值占 GDP 的比重分别为 7.2%、40.7%和 52.1%，与全国同期相比，我省第二产业增加值比重比全国高 5.4 个百分点，第三产业增加值比重则比全国低 7 个百分点，表明我省仍属于工业主导型经济。

表 1－1　2018 年安徽省与全国三次产业增长率比较　（%）

| 指标 | 一季度 | | 上半年 | | 前三季度 | | 全年 | |
|---|---|---|---|---|---|---|---|---|
| | 安徽省 | 全国 | 安徽省 | 全国 | 安徽省 | 全国 | 安徽省 | 全国 |
| 国内生产总值 | 8.1 | 6.8 | 8.3 | 6.8 | 8.2 | 6.7 | 8.02 | 6.6 |
| 第一产业 | 3.8 | 3.2 | 3.6 | 3.2 | 3 | 3.6 | 3.2 | 3.5 |
| 第二产业 | 8.3 | 6.3 | 8.4 | 6.1 | 8.2 | 5.3 | 8.5 | 5.8 |
| 第三产业 | 8.5 | 7.5 | 9.1 | 7.6 | 9 | 7.9 | 8.6 | 7.6 |

### （二）工业增速创近四年新高，工业结构调整取得积极进展

工业增加值增速主要取决于规模以上工业增加值增速。2018 年，规模以上工业增加值增速创 2015 年以来的最高水平，增长 9.3%，增幅比上年高 0.3 个百分点，比全国高 3.1 个百分点。分季度来看，一季度增长 8.6%，上半年增长 8.9%，前三季度增长 9.1%，分别比全国同期高 2.1、2.5、2.8 个百分点，如图 1－2 所示。

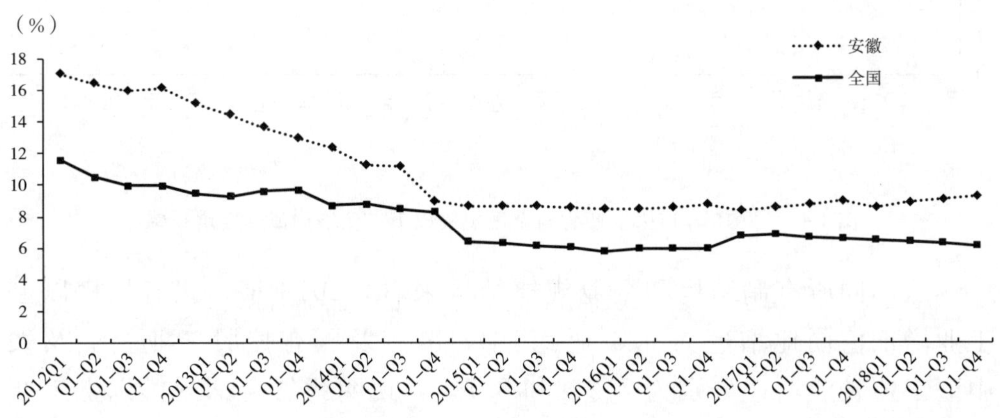


图 1－2　2012 年以来安徽省与全国规模以上工业增加值季度同比增速

从月度数据来看（图 1－3），安徽省规模以上工业增加值增速较上年整体略有回升，并存在一些波动。1—2 月份规模以上工业增加值同比增速为 8.6%，比 2017 年同期高 0.7 个百分点，比全国同期高 1.4 个百分点；3、4 月份的规模以上工业增加值同比增速有所回落，增速

分别为 8.4%、7.8%，比全国同期分别高 2.4、0.8 个百分点；5 月份规模以上工业增加值增速有所回升，增速为 8.9%，比上年同期高 0.7 个百分点，比全国同期高 2.1 个百分点；6 月份的规模以上工业增加值同比增幅再一次出现回落，为 7.2%，但仍比全国同期高 1.2 个百分点。7、8、9 月份，规模以上工业增加值增速开始回升，分别为 8.7%、9.6%、10.4%，比全国同期分别高 2.7、3.5、4.6 个百分点。10、11 月份增速有所回落，规模以上工业增加值增速分别为 9.7%、8.4%，比全国同期水平分别高 3.8、3 个百分点。12 月份规模以上工业增加值增速再次回升，为 10.9%，是全年最高，比全国同期高 5.2 个百分点。

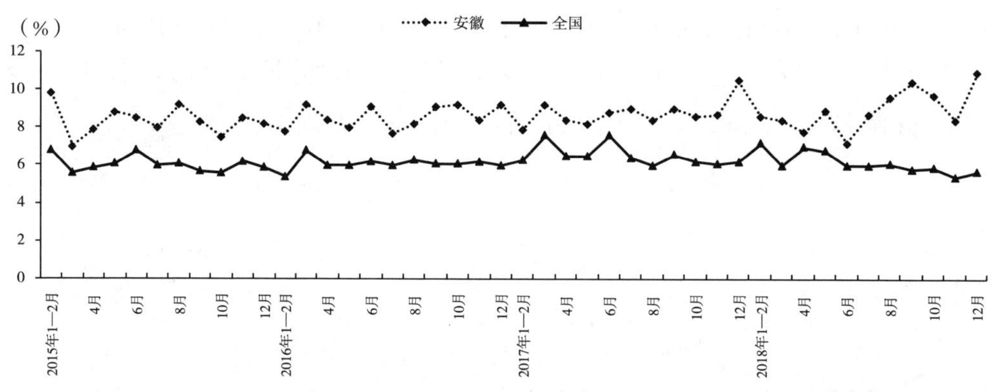


图 1-3　2015 年以来安徽省与全国规模以上工业增加值月度增长率

从不同所有制结构和企业规模结构来看，2018 年，我省规模以上工业增加值同比增速为 9.3%。其中，国有及国有控股工业企业及大中型工业企业增速分别为 7.2%和 8.7%，说明我省全部规模以上工业增长中，民营企业和中小企业贡献了大部分份额，我省工业结构调整取得积极进展，经济活力持续增强。

2018 年，全省规模以上工业增加值同比增长 9.3%，居全国第 4 位、中部第 1 位。主要特点有：一是八成行业保持增长。2018 年，全省 40 个大类行业中有 32 个行业的增加值保持同比增长。其中，电子信息业增长 28.8%，医药制造业增长 17%，钢铁业增长 15.7%，电力业增长14%，烟草业增长13.4%，有色业增长13.4%，家电业增长12.1%，化工业增长10.4%。二是新兴产业发展较快。2018年，全省高新技术产业增加值增长13.9%，增速比全省规模以上工业高4.6个百分点；高新技术产业增加值增长22.6%；战略性新兴产业产值增长16.1%，高于全省规模以上工业4个百分点。三是发展活力不断增强。2018年，全省规模以上民营工业增加值增长10.4%，增幅高于上年1.4个百分点，对全省规模以上工业增长的贡献率由上年的71.8%提高到74.2%；中小微型企业增加值增长9.8%，贡献率由63.6%提高到66.3%。四是主要新产品产量大幅增长。2018年，统计的437种主要工业产品中，有257种工业产品的产量保持增长，增长面达58.8%。其中，新能源汽车产量增长104.6%，比上年高66.1个百分点；微型计算机设备产量增长28.4%；液晶电视机产量增长50.3%；手机产量增长15.3%。

### （三）房地产业增速总体平稳

2018年，中央和地方调控政策不断放松、去库存不断加码和宽松的货币环境，刺激了楼市的成交，房地产市场预期不断转好。我省坚持“房住不炒”、因城施策指导的方针，房地产市场总体稳定。房地产业的发展水平可以通过商品房销售面积和商品房销售额来反映。从商品房销售面积来看，2018年一季度我省商品房销售面积同比上升10%，与上年同期相比下降11.6个百分点，比全国同期水平低8.1个百分点；上半年商品房的销售面积同比上升9.2%，比全国水平高5.8个百分点，比一季度下降0.8个百分点。2018年，我省商品房销售面积为10038.4万平方米，同比增长9.1%，比一季度、上半年和前三季度分别下降0.9、0.1和0.5个百分点。年末，商品房待售面积1682.6万平方米，比上年下降16.8%，如图1-4所示。

2018年，我省商品房销售额为7077亿元，同比增长20.6%，比上年上升4.1个百分点，高于全国水平8.4个百分点。第一季度同比增长18.8%，比全国同期高8.4个百分点。上半年、前三季度同比增速为20.5%、21.1%，分别比全国同期高7.3、7.8个百分点，如图1-5所示。

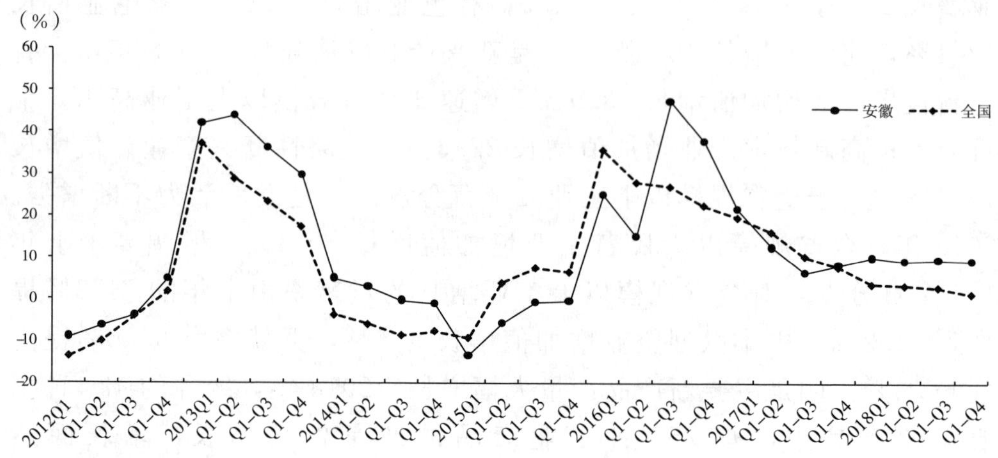


图 1-4　2012 年以来安徽省与全国的商品房销售面积季度增长率

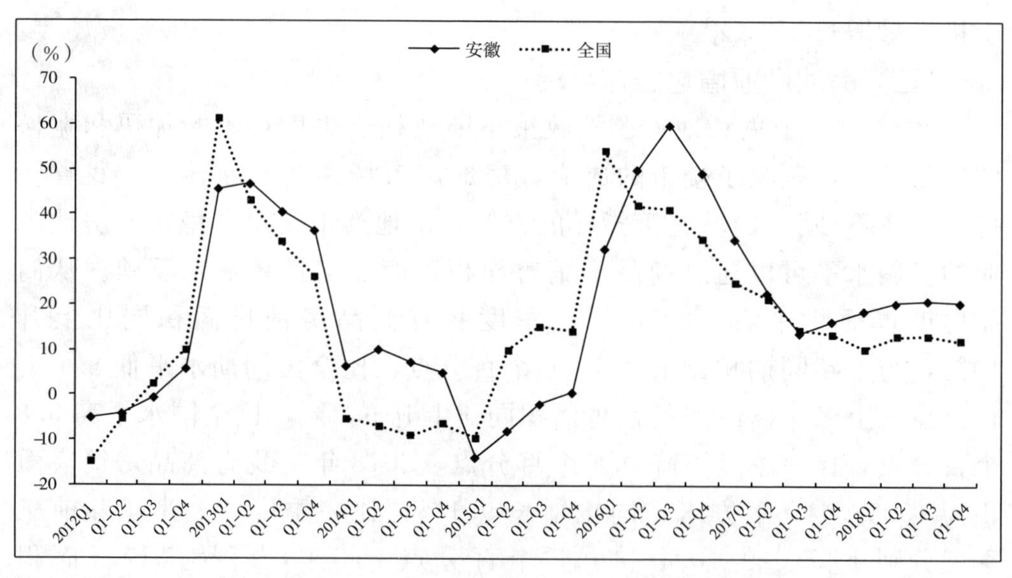


图 1-5　2012 年以来安徽省与全国商品房销售额季度增长率

### （四）金融机构存贷款余额增速平稳

2018 年，全省金融业呈现健康平稳的发展态势。2018 年末，全省金融机构人民币存款余额 50677.3 亿元，同比增长 11.1%，增幅比上年低 0.5 个百分点；人民币贷款余额 38815.3 亿元，同比增长 12.6%，增幅比上年高 1.6 个百分点。一季度末，全省金融机构人民币存款余额 48477.8 亿元，同比增长 9.9%，比全国高 1.2 个百分点；二季度末，人民币存款余额 49640.4 亿元，同比增长 11.7%，增幅比全国高 3.3 个百分点；三季度末，人民币存款余额 51058.7 亿元，同比增长 12.7%，增幅比全国高 4.2 个百分点。从贷款余额来看，一季度末，全省金融机构人民币贷款余额 35766.8 亿元，同比增长 13.1%，增幅比全国高 0.3 个百分点；二季度末，人民币贷款余额 37137.2 亿元，同比增长 13.6%，比全国高 0.9 个百分点；三季度末，人民币贷款余额 38203.3 亿元，同比增长 13.6%，比全国高 0.4 个百分点，如图 1-6 所示。

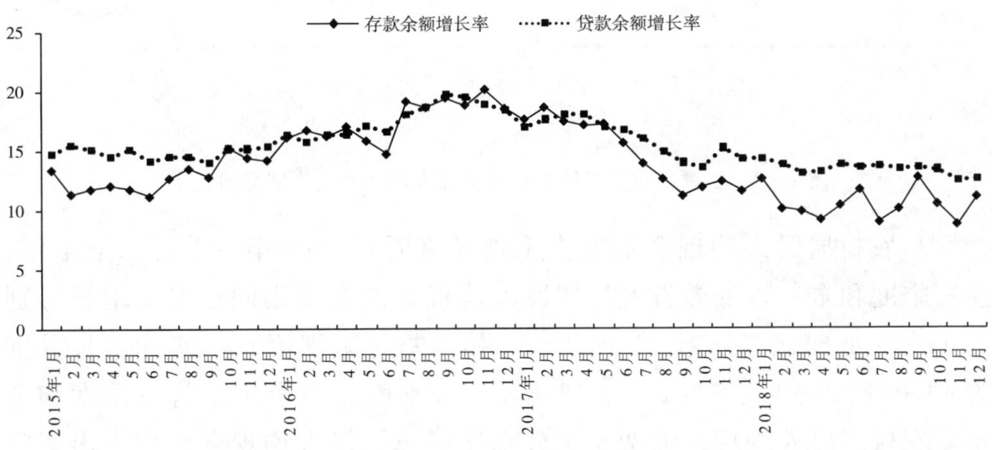


图 1-6　2015 年以来安徽省存贷款余额月度同比增长率（%）

## 二、从需求角度分析经济增长形势

### （一）城乡居民消费保持较快增长，增速逐季提高

居民消费水平是指居民在物质产品和劳务的消费过程中，对满足人们生存、发展和需要方面所达到的程度，通过消费的物质产品和劳务的数量和质量反映出来。居民消费包括农村居民消费和城镇居民消费，人均消费水平、城镇居民消费水平和农村居民消费水平增速，在很大程度上分别决定了农村居民消费和城镇居民消费的增长趋势。

从城镇居民人均现金消费支出增速来看，一季度、上半年、前三季度和全年城镇居民人均现金消费支出累计名义增速分别为 2.8%、

2.1%、3.1%和 3.8%，扣除价格因素，实际增速分别为 0.7%、0.4%、1.2%和 1.8%；全年安徽省城镇居民人均现金消费增速略低于全国平均水平，一季度、上半年、前三季度和全年分别比全国同期低 0.6、2.3、1.0 和 0.7 个百分点，如图 1－7 所示。

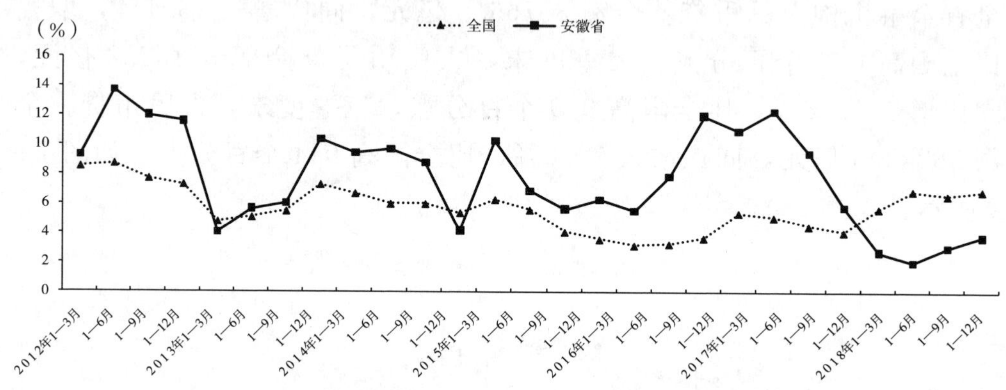


图 1－7 安徽省与全国城镇居民季度人均消费支出实际增长率

从农村居民人均现金消费支出增长来看，2018 年一季度、上半年、前三季度和全年，安徽省农村居民人均现金消费支出同比名义增长分别为 17%、4.6%、15.3%和 14.8%；扣除物价上涨因素，实际增长分别为 14.9%、2.9%、13.4%和 12.8%。一季度、上半年、前三季度和全年，农村居民人均现金消费支出分别比城镇居民人均现金消费支出实际增速高 14.2、0.8、10.3 和 9 个百分点。农村居民人均现金消费支出增速较快，主要得益于农村居民收入的快速增长。上半年农村居民人均现金收入增速相比上年虽大幅回落，但仍维持了一定的增幅，这使得居民消费意愿增强，从而使消费保持较快增长，如图 1－8 所示。

（二）社会消费品零售总额再创佳绩，消费市场向好的方向发展

2018 年安徽省社会消费品零售总额稳定增长，消费市场转型升级，新业态蓬勃发展。2018 年一季度，安徽省社会消费品零售总额同比增长 11.6%，其中限额以上消费品零售总额同比增长 11.5%；上半年社会消费品零售总额同比增长 12%，比一季度上升 0.4 个百分点；前三季度，安徽省社会消费品零售总额同比增长 12%；2018 年安徽省社会消费品零售总额为 12100.1 亿元，同比增长 11.6%，高于全国

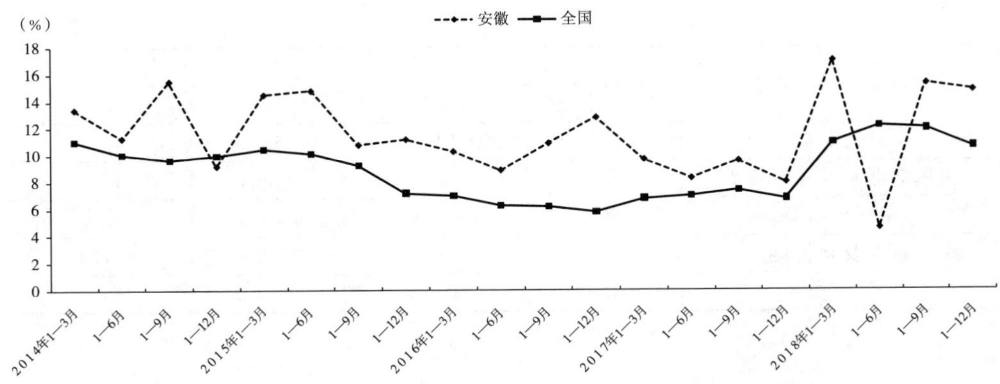


图1-8　安徽省与全国农村居民季度人均消费支出实际增长率

2.6个百分点，其中，限额以上社会消费品零售总额为5453.2亿元，同比增长11.5%，高于全国9.1个百分点。

从经营地所在单位来看，城镇和乡村社会消费品零售总额增长势头良好，未出现较大波动。2018年安徽省城镇消费品零售总额为9731.8亿元，比上年增长11.3%，增速高于全国3.3个百分点。安徽省乡村消费品零售总额为2368.2亿元，比上年增长12.9%，增速高于全国3.6个百分点。从消费形态来看，商品零售总额为10778.1亿元，增长11.5%，比上年同期下降0.3个百分点，高于全国3.5个百分点；餐饮收入为1322.0亿元，增长11.8%，比上年同期下降0.8个百分点，高于全国同期2.8个百分点。

从各类限额以上商品零售情况来看，2018年安徽省各种商品零售类均涨幅明显：石油及制品类同比增长17.5%，较去年同期也有不错的涨幅；2018年粮油、食品、饮料、烟酒类零售额1080.0亿元，增长13.9%；中西药品类全年累计256.4亿元，增长13.4%，高于全国4.6个百分点；家用电器和音像器材类全年累计477.4亿元，增长12.5%，低于全国1.1个百分点，见表1-2所列，如图1-9所示。

**表1-2　近两年限额以上商品零售情况**

| 限额以上商品零售类值 | 2018年 | | 2017年 | |
|---|---|---|---|---|
| | 累计（亿元） | 同比增长（%） | 累计（亿元） | 同比增长（%） |
| 粮油、食品、饮料、烟酒类 | 1080.0 | 13.9 | 1055.2 | 14.4 |
| 服装鞋帽、针、纺织品类 | 355.7 | 8.7 | 361.9 | 9.6 |

（续表）

| 限额以上商品零售类值 | 2018 年 | | 2017 年 | |
|---|---|---|---|---|
| | 累计（亿元） | 同比增长（%） | 累计（亿元） | 同比增长（%） |
| 日用品类 | 156.3 | 12.0 | 162.1 | 12.5 |
| 家用电器和音像器材类 | 477.4 | 12.5 | 419.1 | 13.6 |
| 中西药品类 | 256.4 | 13.4 | 519.0 | 8.8 |
| 石油及制品类 | 742.4 | 17.5 | 697.4 | 17.1 |
| 汽车类 | 1385.4 | 5.9 | 1385.7 | 7.8 |

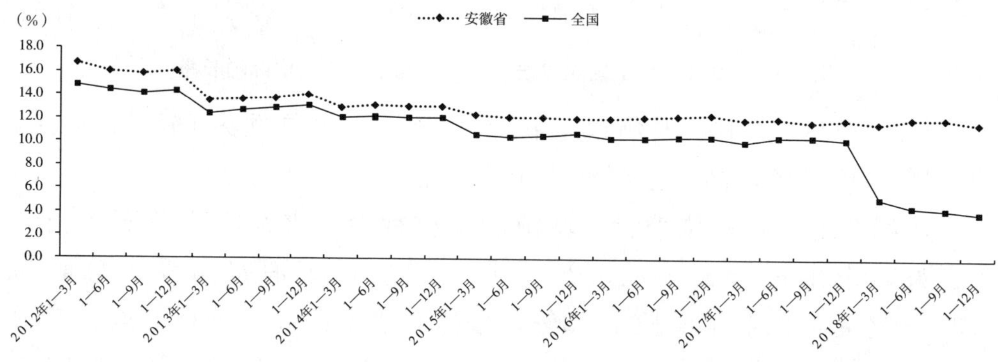


图 1－9　社会消费品零售总额增长率

### （三）财政支出增速逐季回落，扎实推进民生事业建设

2018 年，安徽省财政支出一季度快速增长，从第二季度开始逐步回落。分季度看，一季度安徽省财政支出同比增速为 14.7%，较上年同期下降 4.4 个百分点，比上年提高 2.4 个百分点，比全国同期财政支出增速高 3.6 个百分点；财政支出增速从二季度开始回落，上半年、前三季度和全年财政支出同比增速分别为 10.2%、7.3%和 5.9%，比上年同期分别下降 8.6、5.7 和 6.4 个百分点，分别比一季度降低 4.5、7.4 和 8.8 个百分点，如图 1－10 所示。

在支出结构方面，安徽省财政支出的重点仍为保障民生。2018 年 1—11 月安徽财政支出总额为 5862.5 亿元，同比增长 5.0%。其中文化体育与传媒增速下降明显，截至 11 月份同比下降 5.3%；教育支出显著增加，同比增长 14.3%，增幅比财政支出高 9.3 个百分点。从表 1－3 和表 1－4 可以看出，增速较快的是教育、社会保障与就业、节能环保、农林水事务以及医疗卫生等。规模较大的主要集中在城乡社区事务、教

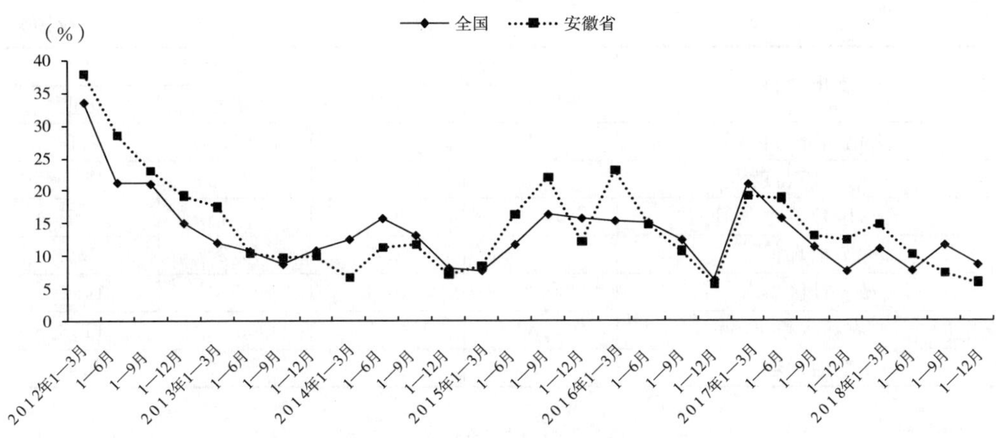


图 1－10　安徽省和全国财政支出同比增速

育、社会保障与就业和农林水事务等方面，分别占财政总支出的 14.7％、16.8％、15.1％和 11.3％，见表 1－3 和表 1－4 所列。

**表 1－3　2018 年各项财政支出同比增长**　（％）

| | 2018 年 1—11 月 | 前三季度 | 上半年 | 一季度 |
|---|---|---|---|---|
| 财政支出 | 5.0 | 7.3 | 10.2 | 14.7 |
| ＃一般公共服务 | 4.2 | 4.9 | 6.7 | 10.8 |
| 教育 | 14.3 | 14.6 | 12.1 | 15.1 |
| 科学技术 | －0.3 | 23.5 | 18.4 | 60.5 |
| 文化体育与传媒 | －5.3 | －3.0 | －3.3 | 20.1 |
| 社会保障与就业 | 7.7 | 12.0 | 13.6 | 14.8 |
| 医疗卫生与计划生育 | 4.1 | 6.5 | 7.3 | 7.7 |
| 节能环保 | 6.2 | 4.2 | 18.4 | 8.3 |
| 城乡社区事务 | －3.1 | 10.4 | 19.8 | 24.1 |
| 农林水事务 | 6.7 | 3.0 | 5.9 | 49.0 |
| 交通运输 | －1.0 | －4.8 | －3.4 | 5.7 |

**表 1－4　各项财政支出增速及所占比重**　（％）

| 支出项目 | 2017 年 1—11 月 | | 2018 年 1—11 月 | |
|---|---|---|---|---|
| | 增速 | 比重 | 增速 | 比重 |
| 一般公共服务 | －3.3 | 8.0 | 4.2 | 8.0 |
| 教育 | 7.8 | 15.6 | 14.3 | 16.8 |
| 科学技术 | 0.5 | 4.0 | －0.3 | 3.8 |

（续表）

| 支出项目 | 2017 年 1—11 月 | | 2018 年 1—11 月 | |
|---|---|---|---|---|
| | 增速 | 比重 | 增速 | 比重 |
| 文化体育与传媒 | 9.2 | 1.3 | −5.3 | 1.3 |
| 社会保障与就业 | 10.7 | 14.9 | 7.7 | 15.1 |
| 医疗卫生 | 19.4 | 9.8 | 4.1 | 9.7 |
| 节能环保 | 20.3 | 2.6 | 6.2 | 2.6 |
| 城乡社区事务 | 0.3 | 16.1 | −3.1 | 14.7 |
| 农林水事务 | 51.0 | 11.2 | 6.7 | 11.3 |
| 交通运输 | −17.5 | 4.0 | −1.0 | 3.7 |

### （四）对外贸易发展受阻，出口额持续下滑

2018 年以来，受国际市场需求和国内经济下行压力等因素影响，安徽省第一季度对外贸易发展势头增幅明显，但接下来便波动下降，如图 1－11 所示。

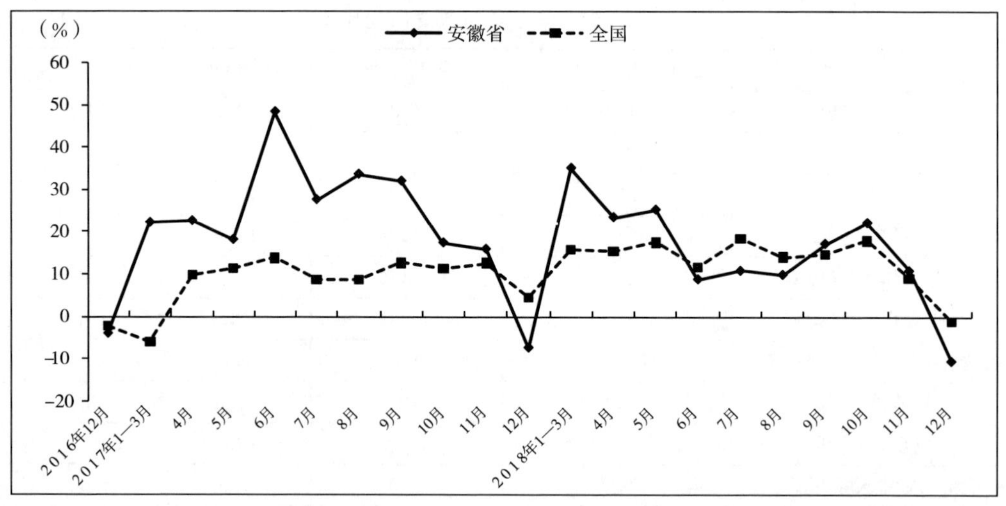


图 1－11 进出口总额分月同比增速

一季度，安徽省进出口总额为 149.3 亿美元，同比增长 35.2%；上半年，安徽省进出口总额为 310.6 亿美元，同比增长 26.3%，比一季度、上年同期分别收窄 8.9 个百分点和增加 0.4 个百分点；前三季度，安徽省进出口总额为 471.8 亿美元，同比增长 21.2%，增幅比全国同期高 5.5 个百分点；2018 年安徽省进出口总额为 629.7 亿美元，

同比增长 16.6%。分月来看，安徽省 2018 年各月的进出口总额增速呈现较大幅度的波动态势，其中，1 月份增速达到 50.6%，高于全国同期 13.7 个百分点，而 12 月份则同比下降 10.4%。

截至 2018 年 11 月份，安徽省机电产品出口额达到 191.4 亿美元，同比增长 24.8%；一般贸易出口 228.2 亿美元，同比增长 19.3%；加工贸易出口 88.0 亿美元，同比增长 14.0%。安徽省和全国进出口总额增速对比、安徽省和全国出口增速比较、安徽省和全国进口增速比较分别如图 1－12、图 1－13、图 1－14 所示。

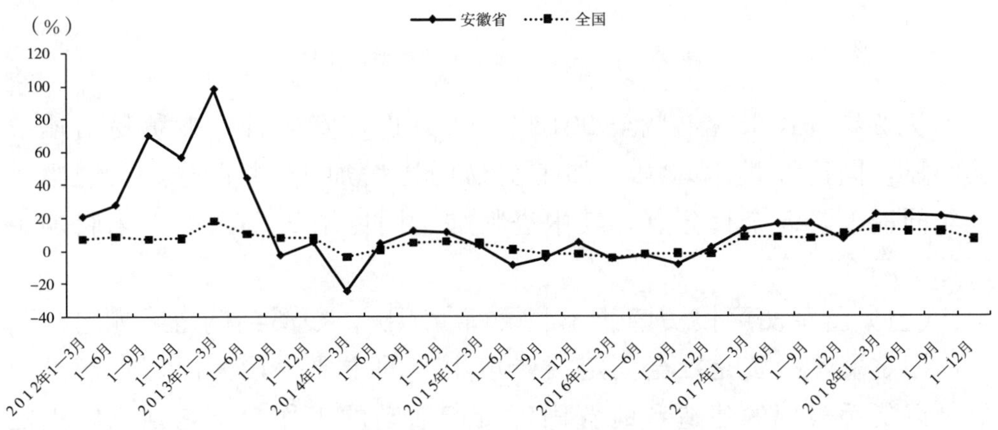


图 1－12　安徽省和全国进出口总额增速对比

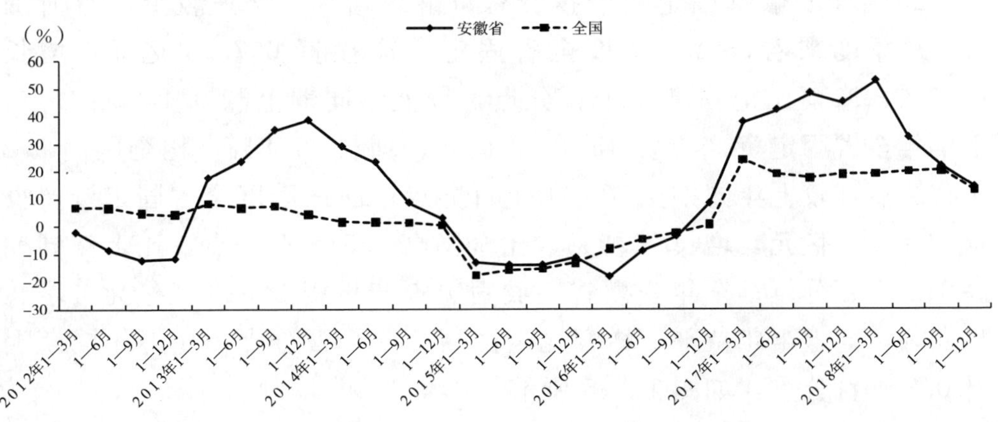


图 1－13　安徽省和全国出口增速比较

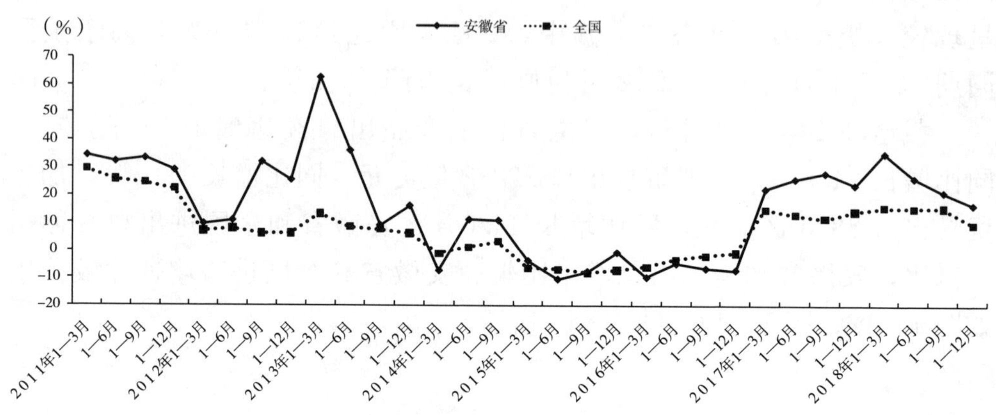


图 1－14　安徽省和全国进口增速比较

从贸易方式来看，截至 2018 年 11 月份，安徽省一般贸易增速波动明显，同比增长 19.3%。加工贸易同比增加 14 个百分点，增幅比上年同期下降 5 个百分点，其中进料加工同比增长 17.5%，来料加工同比下降 37.4%。

（五）固定资产投资增速比上年有所加快，投资结构持续优化

固定资产投资是社会固定资产再生产的主要手段。固定资产投资额是以货币表现的建造和购置固定资产活动的工作量，它是反映固定资产投资规模、速度、比例关系和使用方向的综合性指标。

2018 年安徽省固定资产投资总量继续增加、增速较上年有所加快。分季度来看，第一季度全省固定资产投资 6073.3 亿元，增长 11.5%，增幅比全国高 4 个百分点，较上年同期上涨 0.4 个百分点；上半年全省固定资产投资 15214.2 亿元，增长 11.8%，比全国高 5.8 个百分点，较上年同期上涨 1.1 个百分点；前三季度全省固定资产投资 23952.5 亿元，增长 11.9%，比全国高 6.5 个百分点，比上年同期高 1.9 个百分点；全年安徽省完成固定资产投资 32629.9 亿元，增长 11.8%，与上半年持平，增幅比全国高 5.9 个百分点，比上年同期上升 0.8 个百分点，如图 1－15 所示。

分产业来看，第一产业、第二产业投资比重上升，结构持续优化。第一季度，第一产业投资 168.8 亿元，增长 33.2%；第二产业投资

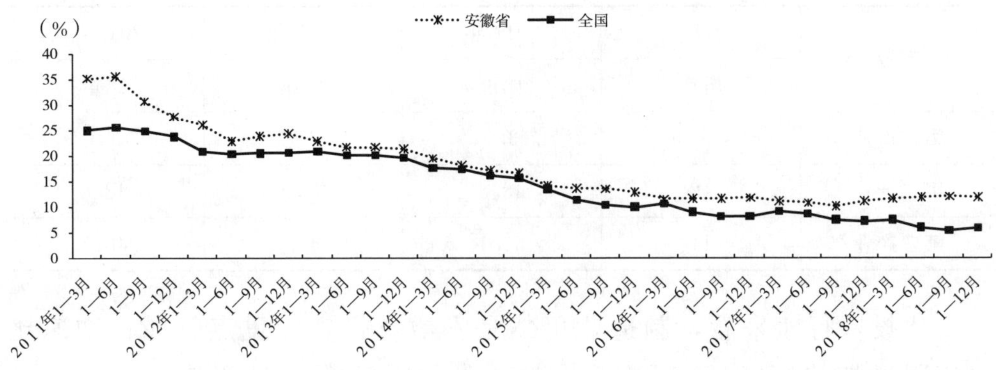


图1-15　2011年以来安徽省和全国固定资产投资同比增速

2622.8亿元，增长12.2%；第三产业投资3295.8亿元，增长10.5%；上半年三次产业固定资产投资同比增速分别为-20.1%、13.7%和12.2%，其中，第一产业增速较第一季度下跌达到53.3个百分点、第二产业增速较一季度增加1.5个百分点，第三产业增速较一季度提高1.7个百分点；前三季度第一产业投资658.0亿元，增长19.4%；第二产业投资11145.7亿元，增长16.2%；第三产业投资12287.2亿元，增长9.1%；2018年第一产业投资1031.8亿元，增长33%；第二产业投资16218.4亿元，增长24.6%；第三产业投资16255.9亿元，增长5.6%。2018年三次产业固定资产投资比例为3.1∶48.4∶48.5，投资结构持续优化，如图1-16所示。

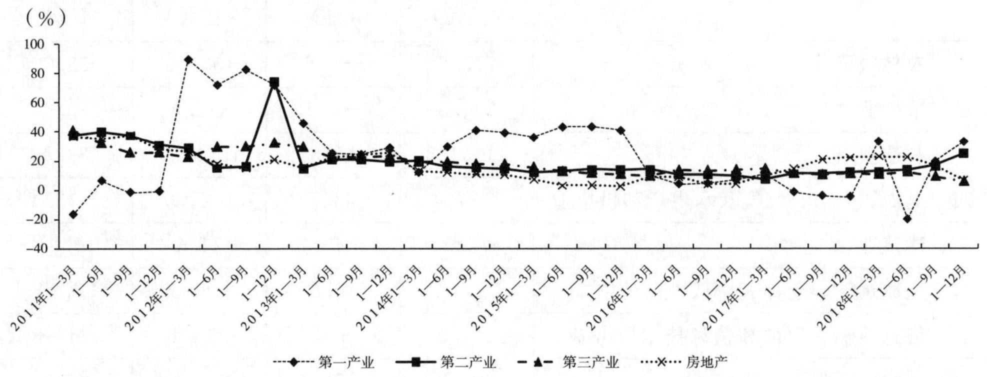


图1-16　2011年以来第一、二、三产业固定资产投资同比增速

表 1－5 2017—2018 年同期三次产业投资比重 （%）

| 产业 | 2017 年 | 2017 年 | 2018 年 | 2018 年 |
|---|---|---|---|---|
| | 增速 | 比重 | 增速 | 比重 |
| 第一产业 | －4.6 | 3.1 | 33.3 | 3.1 |
| 第二产业 | 12 | 43.8 | 24.6 | 48.4 |
| 第三产业 | 11 | 53.1 | 5.6 | 48.5 |

从投资行业来看，制造业仍然是安徽省投资的重点领域，增速比去年明显加快。2018 年，安徽省制造业固定资产投资为 15241.9 亿元，比上年同期增长 33.3%，比上年同期增速提高了 21.8 个百分点。制造业投资占固定资产投资的比重为 44.71%。除此之外，2018 年，租赁和商务服务业、农林牧渔业和采矿业增速分别达到了 27.3%、33.0%和 80.6%，呈现较快的发展态势。电力、热力、燃气及水生产和供应、信息传输、软件和信息技术服务业、卫生和社会工作以及教育由上年同期的正增长转变为负增长。科学研究和技术服务业、住宿和餐饮业、农林牧渔业、采矿业、建筑业、批发和零售业也由负增长转变为正增长，见表 1－6 所列。

表 1－6 2017—2018 年按行业投资比较

| 行　业 | 2017 年 | | 2018 年 | |
|---|---|---|---|---|
| | 累计投资额（亿元） | 同比增长（%） | 累计投资额（亿元） | 同比增长（%） |
| 一、农林牧渔业 | 775.8 | －4.6 | 1031.8 | 33.0 |
| 二、采矿业 | 231.8 | －0.5 | 418.6 | 80.6 |
| 三、制造业 | 11434.3 | 11.5 | 15241.9 | 33.3 |
| 四、电力、热力、燃气及水生产和供应业 | 1277.4 | 28.7 | 1029.6 | －19.4 |
| 五、建筑业 | 72.9 | －49.7 | 74.6 | 2.3 |
| 六、交通运输、仓储和邮政业 | 2035.7 | 11.6 | 2082.5 | 2.3 |
| 七、信息传输、软件和信息技术服务业 | 274.0 | 6.6 | 233.4 | －14.8 |
| 八、批发和零售业 | 602.8 | －30.1 | 632.9 | 5.0 |
| 九、住宿和餐饮业 | 193.5 | －25.5 | 206.9 | 6.9 |

（续表）

| 行　业 | 2017 年 | | 2018 年 | |
|---|---|---|---|---|
| | 累计投资额（亿元） | 同比增长（%） | 累计投资额（亿元） | 同比增长（%） |
| 十、金融业 | 62.1 | －23.6 | 53.3 | －14.2 |
| 十一、房地产业 | 6551.6 | 14.4 | 6931.6 | 5.8 |
| 十二、租赁和商务服务业 | 612.8 | 2.5 | 780.1 | 27.3 |
| 十三、科学研究和技术服务业 | 280.6 | －10.4 | 325.2 | 15.9 |
| 十四、水利、环境和公共设施管理业 | 3297.6 | 28.0 | 3627.4 | 10.0 |
| 十五、居民服务、修理和其他服务业 | 107.9 | 9.0 | 116.7 | 8.2 |
| 十六、教育 | 443.4 | 23.1 | 442.5 | －0.2 |
| 十七、卫生和社会工作 | 255.5 | 15.1 | 232.8 | －8.9 |
| 十八、文化、体育和娱乐业 | 254.3 | 11.6 | 276.7 | 8.8 |
| 十九、公共管理、社会保障和社会组织 | 421.2 | －7.7 | 350.4 | －16.8 |

从投资主体来看，民间投资增速回升，外资投资增幅加快，国有投资增速回落。2018 年安徽省民间投资增速较上年有所回升，而且贡献突出，全年民间投资为 22791.6 亿元，占投资总额的 68.72%。一季度，民间投资增速为 17.9%，增速比上年同期上升 9.7 个百分点；上半年民间投资增速为 18.7%，比一季度加快 0.8 个百分点，较上年同期上升 11.9 个百分点；前三季度，民间投资保持稳定，增速为 18.7%；全年安徽省民间投资增速为 18.6%，比 2017 年上升 11.5 个百分点。2018 年安徽省国有投资增速大幅回落，一季度国有投资增速仅为 1.6%，低于上年同期 15.0 个百分点；上半年增速为 1.2%，较一季度下降 0.4 个百分点，比上年同期下降 19.6 个百分点；前三季度国有投资增速回落为 0.1%；全年增速为 2.1%，低于上年同期 17.6 个百分点。2018 年外资投资开始大幅回升，一季度外资投资增速为 9.1%；上半年外资投资增速为 2.6%；前三季度外资投资增速为 49%；全年增速为 37.6%，全年增幅高于上年同期 20.1 个百分点。按照资金来源划分，全年自筹资本占到了全部资金来源的 70.7%，自筹资本增长速度达到 3.6%，低于上年同期 0.9 个百分点，如图 1－17

所示。

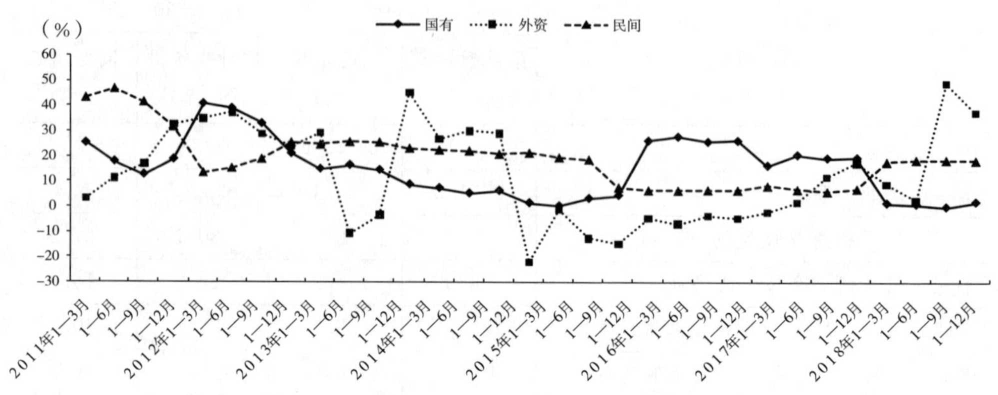


图 1-17 分投资主体固定资产投资增速

房地产投资依然是固定资产投资的一个重要方面，也是衡量经济水平的一个重要指标。2018 年安徽省房地产投资增速较上年大幅回落。全年安徽省房地产投资额为 5974.1 亿元，同比增长 6.4%，比上年同期增速下降 15.5 个百分点，如图 1-18 所示。

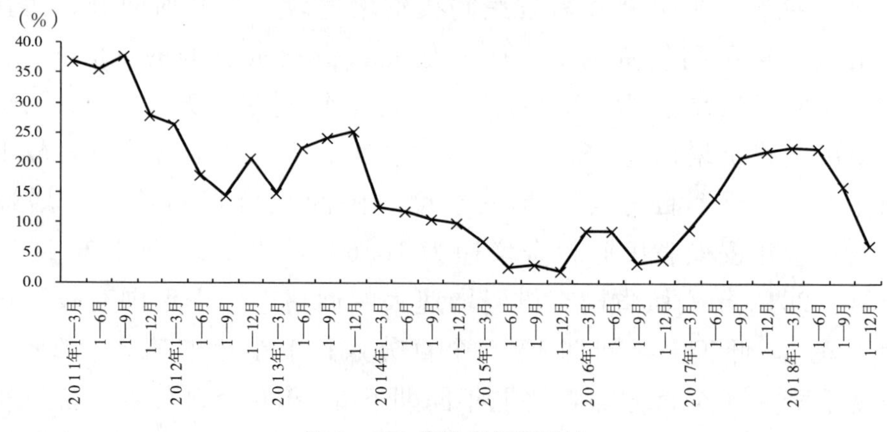


图 1-18 房地产投资增速

## 三、从收入角度分析经济增长形势

从收入角度分析经济增长形势，就是从企业收入、居民收入和政府收入的角度分析经济增长。下面从规模以上工业利润、居民收入和财政收入的角度分析 2018 年安徽省的经济增长形势。

## （一）规模以上工业利润回升，工业企业效益明显好转

2018年，随着我省供给侧结构性改革的推进，工业领域去库存、去杠杆、降成本取得积极成效，企业效益明显改善。2018年一季度，全省规模以上工业企业实现利润477.1亿元，同比增长14.9%，增幅比全国高3.3个百分点；上半年，全省规模以上工业企业实现利润982.7亿元，同比增长11.8%；前三季度，全省规模以上工业企业实现利润1524.2亿元，增长21.9%，增幅比全国高7.2个百分点；2018年，全省规模以上工业企业实现利润2448.2亿元，增长27.8%，增幅比全国高17.5个百分点，居全国第4、中部第2位，创近7年新高，如图1-19所示。

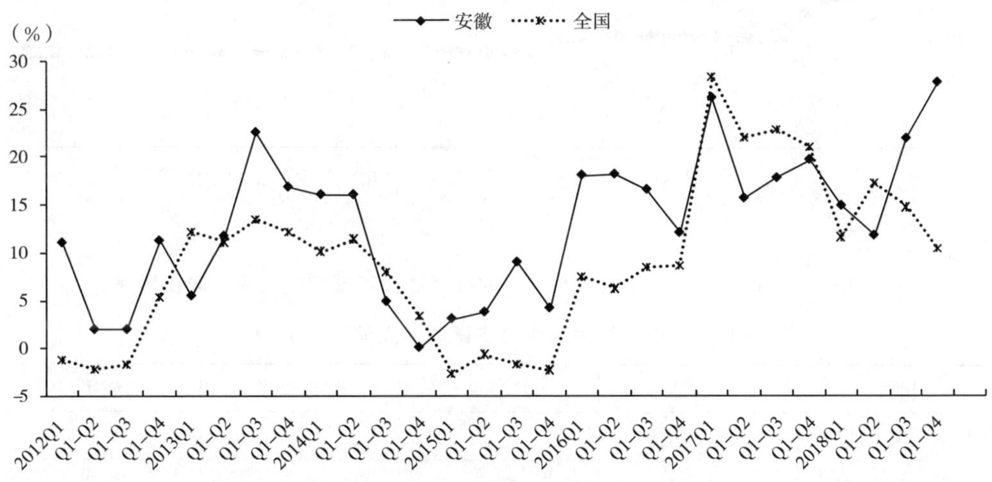


图1-19　安徽省和全国工业企业利润累计同比增速

## （二）居民收入继续保持较快增速，城乡居民收入差距有所缩小

2018年，安徽省城镇居民人均可支配收入继续保持较快增速，第一季度和前三季度的增长速度基本一致，增长速度均为8.7%，与全国相比分别高0.7和0.8个百分点，比上年同期水平上升0.4个百分点；上半年城镇居民人均可支配收入增速小幅下降，为8.5%，比第一季度和前三季度下降了0.2个百分点，但仍比全国水平高0.6个百分点；2018年，城镇居民人均可支配收入为34393元，增长8.7%，增幅比全国高0.9个百分点。

从城镇居民人均可支配收入的四项构成来看（图 1-20，表 1-7），收入结构变动不大，工资性收入、经营性收入、财产性收入和转移性收入所占的比例分别为 61.0%、16.1%、7.9%和 15.0%，与上年同期相比变化不大。2018 年，工资性收入增长 6.2%，比上年同期降低 1.9 个百分点。经营性收入增长 17.5%，比上年同期提高 10.7 个百分点。财产性收入增长 17.2%，比上年同期提高 6.1 个百分点。转移性收入增速为 6.4%，低于上年同期 4.4 个百分点。

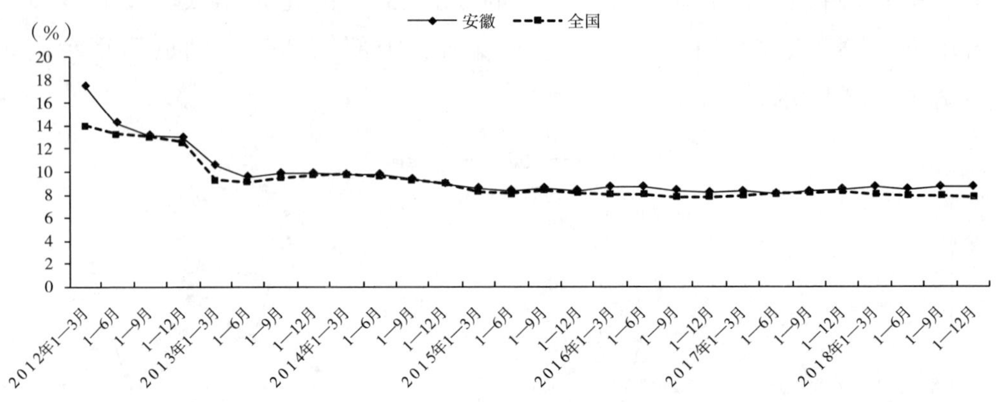


图 1-20 2012 年以来安徽省与全国的城镇居民可支配收入季度同比增速

**表 1-7 城镇居民人均可支配收入及同比名义增速** (%)

| 指标 | 一季度 | 上半年 | 前三季度 | 全年 |
|---|---|---|---|---|
| 人均可支配收入 | 8.7 | 8.5 | 8.7 | 8.7 |
| 工资性收入 | 6.4 | 6.0 | 6.2 | 6.2 |
| 经营性收入 | 15.7 | 13.3 | 11.8 | 17.5 |
| 财产性收入 | 13.2 | 16.0 | 20.7 | 17.2 |
| 转移性收入 | 9.0 | 10.0 | 10.2 | 6.4 |

2018 年，我省农村居民人均可支配收入保持稳定增长的态势①，增速有所加快（图 1-21，表 1-8）。一季度，全省农村居民人均可支配收入同比增长 9.8%，比全国同期高 0.8 个百分点；上半年，全省农村居民人均可支配收入同比增长 9.6%，比一季度下降 0.2 个百分

① 2014 年以前为农民人均现金收入。

点；前三季度，全省农村居民人均可支配收入同比增长9.6%，与上半年持平，比全国同期高0.7个百分点；2018年，安徽省农村居民人均可支配收入为13996元，增长9.7%，增幅比上年同期高0.8个百分点，比全国同期增速高0.8个百分点。

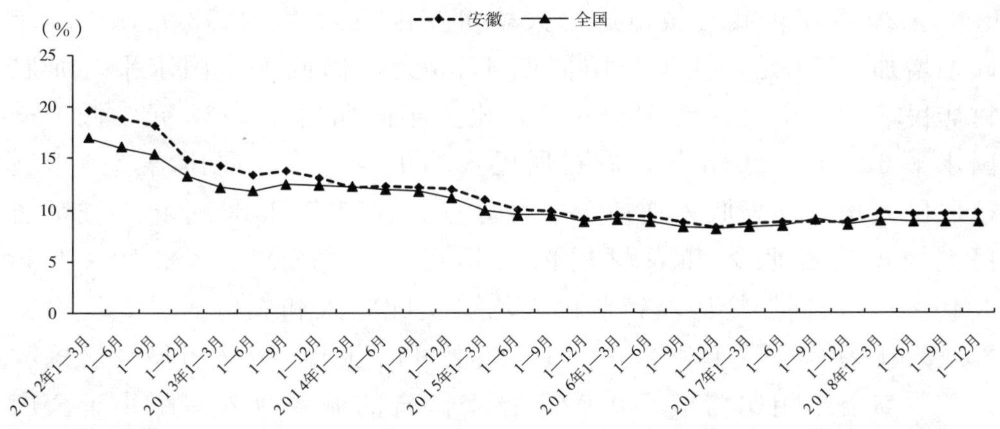


图1-21 2012年以来安徽省与全国农村居民人均可支配收入同比增速

**表1-8 农村居民人均可支配收入及同比名义增速** (%)

| 指标 | 一季度 | 上半年 | 前三季度 | 全年 |
|---|---|---|---|---|
| 人均可支配收入 | 9.8 | 9.6 | 9.6 | 9.7 |
| 工资性收入 | 9.1 | 8.7 | 9.8 | 9.4 |
| 经营性收入 | 9.9 | 10.1 | 7.4 | 7.7 |
| 财产性收入 | 19.3 | 4.9 | 28.9 | 16.9 |
| 转移性收入 | 10.1 | 10.7 | 11.0 | 13.2 |

从农村居民人均可支配收入的四项构成来看，财产性收入增速较快，一季度和前三季度增速分别比上年同期高0.8和11.2个百分点。2018年全省农村居民人均工资性收入为5058元，同比增长9.4%，分别比一季度和上半年增加0.3和0.7个百分点，比上年同期增加1.6个百分点。家庭现金收入为5411元，同比增长7.7%，分别比一季度和上半年下降2.2和2.4个百分点，相比于前三季度增加0.3个百分点。农村居民人均财产性收入为256元，同比增长16.9%，上升速度

较快。农民人均转移性收入为3271元，同比增速为13.2%，分别比一季度、上半年和前三季度高3.1、2.5和2.2个百分点，比上年上升4个百分点。

2018年，我省城乡居民人均收入倍差为2.46，比上年缩小0.02。2018年，我省城镇居民人均可支配收入为34393元，比上年同期增加2753元，低于全国同期4753元，仍低于全国水平。而农村居民人均现金收入为13996元，比上年同期增加1238元，低于全国水平621元。2018年，农村居民人均可支配收入同比增速高于城镇居民人均可支配收入增速1个百分点。2017年和2018年，城镇居民人均可支配收入和农村居民人均可支配收入比为2.48∶1和2.46∶1，而同期全国城镇居民人均可支配收入和农村居民人均可支配收入比为2.71∶1和2.69∶1。综上可以看出，安徽省城乡居民收入差距与上年相比缩小了0.02，且安徽省的城乡收入差距小于全国的城乡收入差距。

### （三）财政收入增速平稳，稳中有进，税收结构进一步优化

2018年以来，全省财政收入保持两位数平稳增长。一季度全省财政收入同比增长17.9%，比上年同期增长8.4个百分点，高于全国3.9个百分点。上半年同比增长14.7%，比一季度低3.2个百分点，比全国高4.1个百分点。前三季度，全省财政收入继续保持平稳增长，同比增长13.3%，比全国同期高4.6个百分点；2018年，全省财政收入同比增长10.4%，比全国同期水平高4.2个百分点（图1-22）。

从财政收入的不同构成来看，地方财政收入增长相对平稳，但同比增速波动较大。2018年第一季度，地方财政收入增长-19.8%，比上年同期下降18.3个百分点；上半年地方财政收入增长10.9%，明显高于第一季度，比上年同期高7.3个百分点；前三季度，地方财政收入增长10.1%，比上年同期高6.2个百分点；2018年安徽财政收入为5363亿元，增长10.4%，其中地方财政收入为3049.9亿元，增长8.5%，分别比上半年、前三季度低2.4和1.6个百分点，比上年同期上升3.3个百分点（图1-23）。

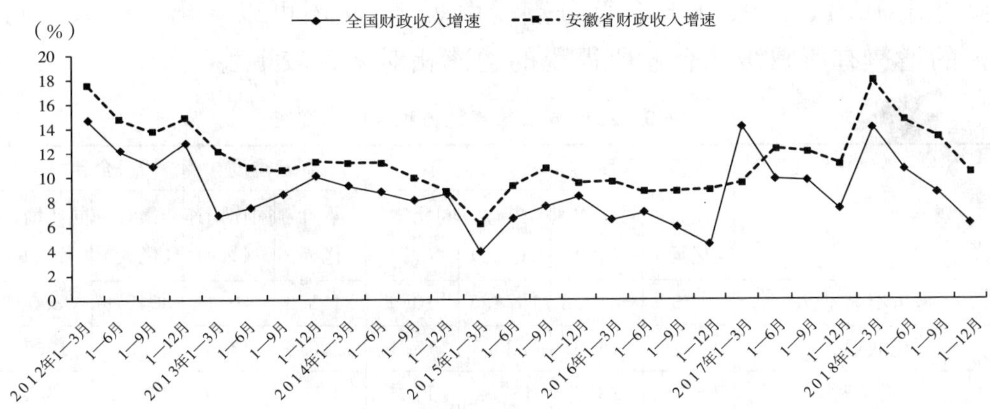


图 1－22　全国和安徽省的财政收入增速

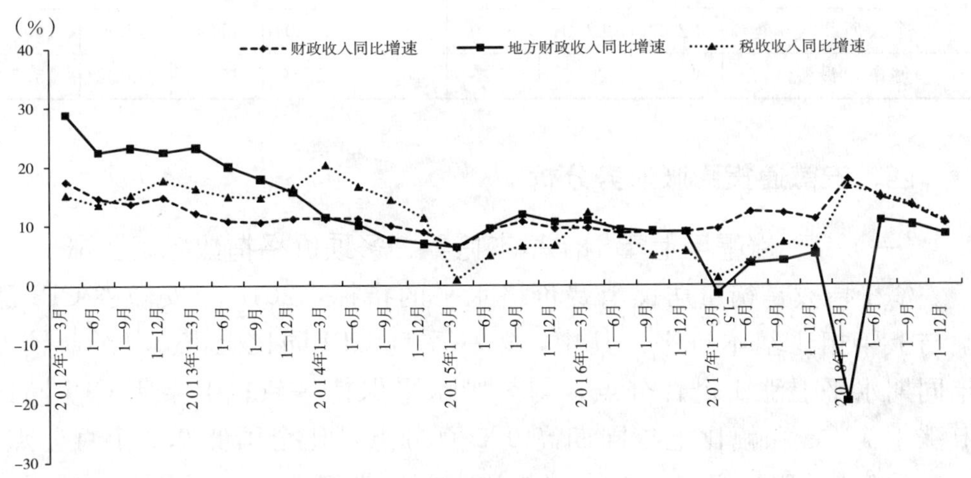


图 1－23　财政收入、地方财政收入和税收收入累计同比增速

从地方财政收入的构成来看，税收收入增速有所下降。2018 年前三季度，税收收入达到 1769.9 亿元，比上年同期增长 13.6％，占全部财政收入的 33％，其中增值税、营业税、企业所得税分别增长 15.0％、－60.9％和 29.3％。

2018 年，由于安徽省营业税改增值税的不断推进，营业税的增速大幅下降，全年营业税的增幅为－63.8％，比第一季度、上半年和前三季度分别下降 6.7、5.1、2.9 个百分点；同时，增值税的增速有所减缓，全年增值税增长 13.5％，比第一季度、上半年和前三季度分别降低了 10.1、3.9、1.5 个百分点。由表 1－9 还可以看出，个人所得税的增速有所减缓，企业所得税的增速相对来说较平稳。

**表 1－9　2018 年安徽省地方税收收入增速**

| | 第一季度 | | 上半年 | | 前三季度 | | 全年 | |
|---|---|---|---|---|---|---|---|---|
| | 累计（亿元） | 同比增速（%） | 累计（亿元） | 同比增速（%） | 累计（亿元） | 同比增速（%） | 累计（亿元） | 同比增速（%） |
| 地方财政收入 | 823 | －19.8 | 1678.5 | 10.9 | 2411.3 | 10.1 | 3049.9 | 8.5 |
| 税收收入 | 611.5 | 16.6 | 1235.4 | 15.1 | 1769.9 | 13.6 | 2180.7 | 10.7 |
| 增值税 | 261.9 | 23.6 | 487.2 | 17.4 | 698.6 | 15.0 | 903.1 | 13.5 |
| 营业税 | 0.9 | －57.1 | 1.9 | －58.7 | 2.3 | －60.9 | 2.8 | －63.8 |
| 企业所得税 | 69.9 | 26.9 | 221.8 | 29.8 | 297.2 | 29.3 | 334.7 | 21.9 |
| 个人所得税 | 32.3 | 18.0 | 54.0 | 18.3 | 75.0 | 17.4 | 92.4 | 16.3 |
| 城市建设税 | 42.2 | 20.6 | 75.3 | 16.9 | 108.9 | 15.8 | 140.2 | 15.7 |

## 四、安徽通货膨胀形势分析

### （一）CPI 涨幅与上年相比基本持平，多项价格指数稳定上涨

CPI 指数是衡量居民消费价格水平的指标，2018 年安徽省 CPI 涨幅与上年相比基本持平。其中，第一季度 CPI 同比上涨 2.1%，较上年同期水平上涨 1 个百分点，与全国水平保持一致；上半年 CPI 同比上涨 1.7%，涨幅比上年同期高 0.5 百分点，比全国低 0.3 个百分点；前三季度，CPI 上涨 1.9%，涨幅比上年同期高 0.7 个百分点，低于全国水平 0.2 个百分点；2018 年 CPI 同比上涨 2.0%，涨幅比上年高 0.8 个百分点，低于全国水平 0.1 个百分点，如图 1－24 所示。

从结构上看，2018 年一季度、上半年、前三季度和全年安徽省 CPI 同比增速分别为 2.1%、1.7%、1.9%和 2.0%。其中，衣着价格指数四个时期同比增速分别为 2.4%、2.0%、2.0%和 2.0%；居住价格指数四个时期同比增速分别为 2.3%、2.1%、2.1%和 2.1%；生活用品及服务价格指数四个时期同比增速分别为 1.8%、1.6%、1.6%和 1.7%，基本上稳定在 1.7%左右；教育文化和娱乐价格指数四个时期同比增速分别为 2.4%、2.2%、2.2%和 2.2%；医疗保健价格指数

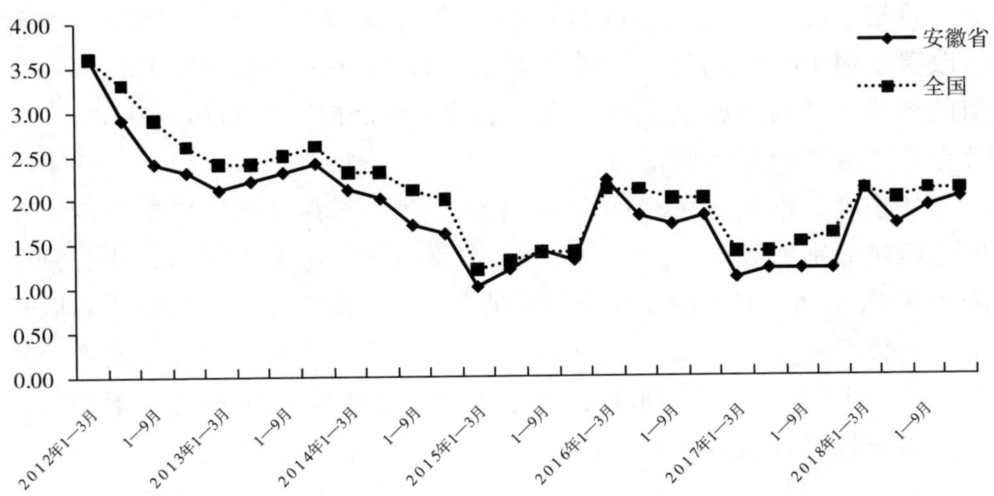


图 1-24　安徽省季度 CPI 同比增长率与全国季度 CPI 同比增长率（%）

四个时期同比增速分别为 2.5%、2.4%、2.7%和 2.8%，见表 1-10 所列。

**表 1-10　2018 年安徽省与全国各项价格指数增速比较**　（%）

| 指标 | 一季度 | | 上半年 | | 前三季度 | | 全年 | |
|---|---|---|---|---|---|---|---|---|
| | 安徽省 | 全国 | 安徽省 | 全国 | 安徽省 | 全国 | 安徽省 | 全国 |
| 居民消费价格总指数 | 2.1 | 2.1 | 1.7 | 2 | 1.9 | 2.1 | 2 | 2.1 |
| 一、食品烟酒 | 2.7 | 1.9 | 1.5 | 1.4 | 1.8 | 1.6 | 2.1 | 1.9 |
| 二、衣着 | 2.4 | 1.2 | 2.0 | 1.1 | 2.0 | 1.2 | 2.0 | 1.2 |
| 三、居住 | 2.3 | 2.4 | 2.1 | 2.3 | 2.1 | 2.4 | 2.1 | 2.4 |
| 四、生活用品及服务 | 1.8 | 1.6 | 1.6 | 1.6 | 1.6 | 1.6 | 1.7 | 1.6 |
| 五、交通和通信 | −0.2 | 0.7 | 0.5 | 1.2 | 1.2 | 1.9 | 1.1 | 1.7 |
| 六、教育文化和娱乐 | 2.4 | 2.2 | 2.2 | 2.1 | 2.2 | 2.2 | 2.2 | 2.2 |
| 七、医疗保健 | 2.5 | 6 | 2.4 | 5.5 | 2.7 | 4.7 | 2.8 | 4.3 |
| 八、其他用品和服务 | 1.1 | 1.4 | 0.7 | 1.1 | 0.6 | 1.1 | 0.6 | 1.2 |

## （二）PPI 季度同比增速回落，全年涨幅进一步回落

2015 年能源、冶金等原材料市场需求低迷，产能过剩现象严重，再加上国际大宗商品价格大幅下跌带来的输入性通缩压力，导致安徽省 PPI 在 2015 年暴跌。虽然 2016 年国际大宗商品价格有所回升，工

业品价格上涨，企业效益改善，2016 年安徽省工业情况较 2015 年有所改善，但 PPI 依旧处于下跌状态。2017—2018 年安徽省 PPI 一扫之前的颓势，开始大幅度上涨，尤其是 2017 年初，涨幅达到 11.1 个百分点，之后涨幅开始回落。

从季度数据来看，2018 年安徽省工业生产者出厂价格指数四个季度的增速分别为 3.7%、3.8%、3.6%和 3%，与上年同期相比分别下降了 5.9、4.9、4.9 和 5.0 个百分点。2018 年安徽省工业生产者购进价格指数涨幅分别为 6.8%、6.4%、6.1%和 5.3%，比上年同期分别下降了 3.1、3.1、3.3 和 4.1 个百分点。安徽省 PPI 和工业生产者出厂价格指数均有回落并趋于稳定的势头，如图 1－25 所示。

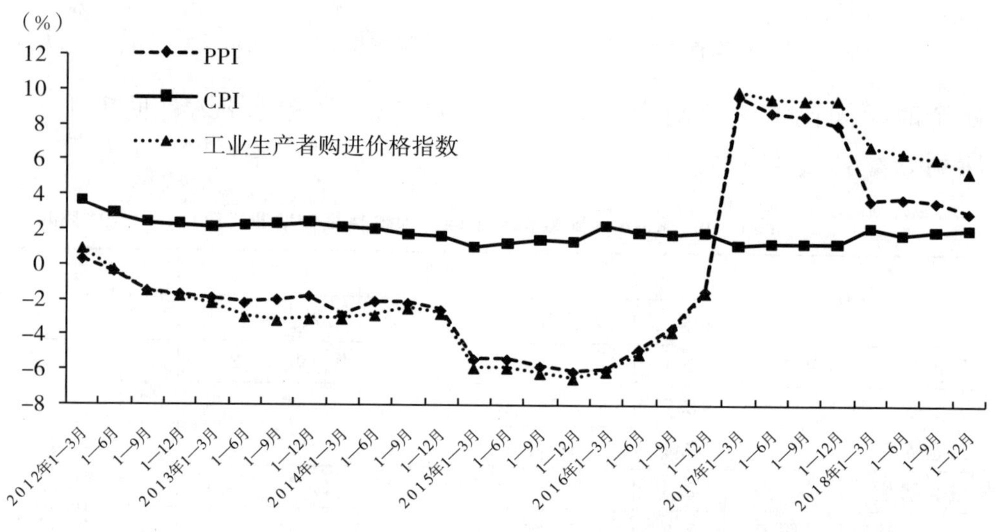


图 1－25　2012 年以来季度 CPI、PPI、工业生产者购进价格指数同比涨幅

# 第二章 2018年安徽经济发展区域比较

2018年，安徽省认真贯彻落实党中央、国务院各项决策部署，坚持稳中求进的工作总基调，按照高质量发展要求，持续深化供给侧结构性改革，全面实施五大发展行动计划，精准施策，攻坚克难，经济运行总体平稳，高质量发展取得重要进展。本章主要分析比较2018年安徽省与周边省市的国民经济运行情况，并分别将安徽省与中部其他五省、长江经济带其他十个省市进行对比，主要从地区生产总值及国民经济的“三驾马车”（消费、投资、出口）等不同视阈进行比较分析。数据主要来源于各省市统计局2018年统计年鉴和《2018年国民经济和社会发展统计公报》。

## 一、安徽与中部其他五省经济发展比较

### （一）地区生产总值比较

1.2018年安徽地区生产总值居第四位，增速居第二位

2018年安徽省地区生产总值初步核算数为30006.82亿元，按可比价格计算，比上年增长8.02%，比2017年增速8.50%低0.48个百分点。

中部六省地区生产总值比较：安徽省排名与2017年相同，处于第四位，低于河南省（48055.86亿元）、湖北省（39366.55亿元）和湖南省（36425.78亿元）。在中部六省中，安徽省地区生产总值增速（8.02%）居第二位，位于江西省（8.7%）之后，分别高于湖北省（7.8%）、湖南省（7.8%）、河南省（7.6%）和山西省（6.7%）0.22、0.22、0.42和1.32个百分点（图2-1）。

2.2018年安徽省规模以上工业增加值增速位于中部六省第一位

2018年安徽省规模以上工业增加值较2017年同比增长9.3%，比

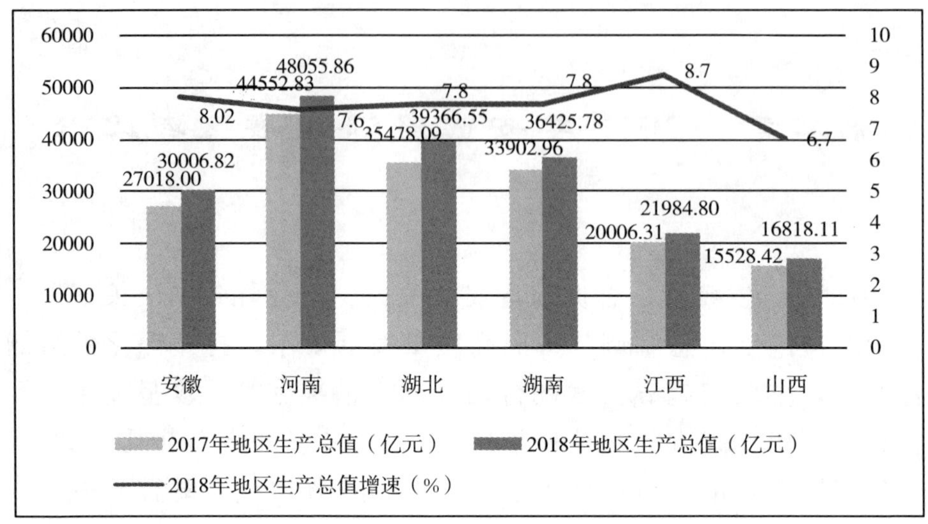


图 2-1 中部六省地区生产总值及增速

上年提高 0.3 个百分点，比全国高 3.1 个百分点，居全国第 4、中部第 1 位。在 2018 年规模以上工业增加值增速这一指标上，江西省增速为 8.9%，仅次于安徽省，高于湖南省（7.4%）、河南省（7.2%）、湖北省（7.1%）和山西省（4.1%）。与 2017 年各省规模以上工业增加值增速对比，2018 年仅安徽和湖南有所上升，安徽省从 2017 年的 9%上升至 9.3%，湖南省从 2017 年的 7.3%上升至 7.4%，其他几省均有所下降，山西省下降幅度最大，从 2017 年的 7.0%下降到 4.1%（图 2-2）。

（二）消费比较

1. 2018 年安徽省社会消费品零售总额居第四位，增长速度居第一位

2018 年，安徽省社会消费品零售总额为 12100.10 亿元，位列第四位，排名与 2017 年一致，比河南省（20594.74 亿元）、湖北省（18333.60 亿元）和湖南省（15638.26 亿元）分别低 8494.64 亿元、6233.50 亿元和 3538.16 亿元。从增长速度来看，安徽省社会消费品零售总额同比增长 11.6%，在中部六省之中居第一位，比 2017 年的排名上升一名，分别高于江西（11%）、湖北（10.9%）、河南

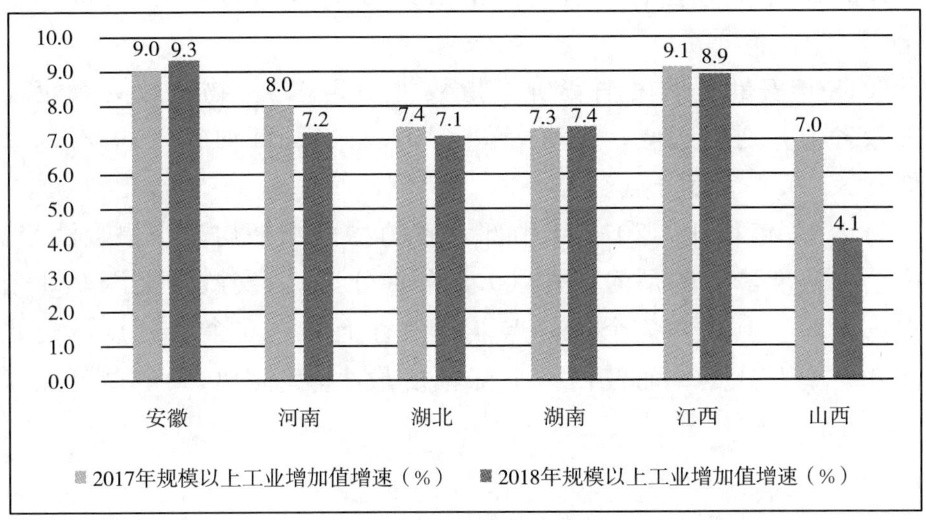


图 2－2　中部六省规模以上工业增加值增速

(10.3%)、湖南（10%）、山西（8.2%）五省 0.6、0.7、1.3、1.6、3.4 个百分点。安徽、江西、湖北、河南、湖南等五省的社会消费品零售总额增长速度均在 10%以上，而山西省增速相对较低（图 2－3）。

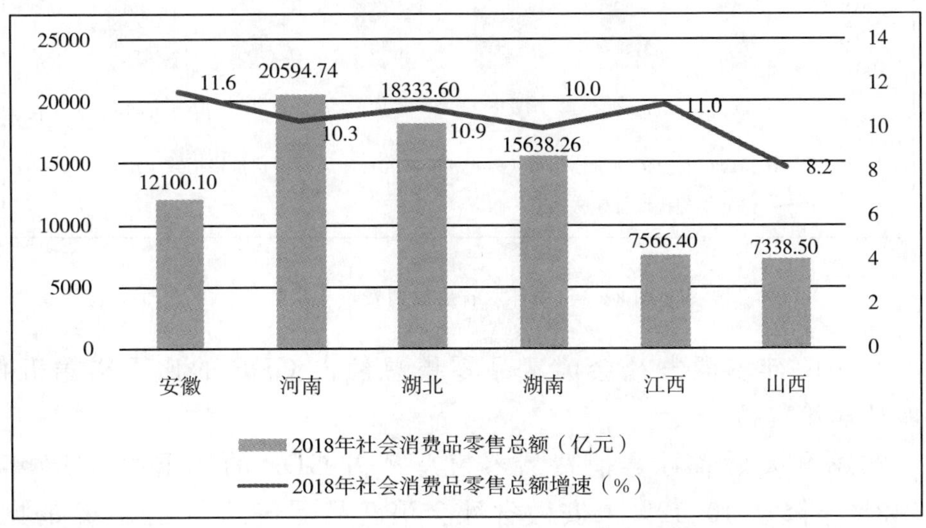


图 2－3　中部六省社会消费品零售总额及增速

2.2018 年安徽省居民消费价格指数为 102.0%，六省物价均较为稳定

2018 年安徽省居民消费价格指数为 102.0%，物价较为稳定，在中部六省中并列第三位，比河南省（102.3%）、江西省（102.1%）分别低 0.3、0.1 个百分点。

与 2017 年相比，2018 年中部六省的物价水平均呈小幅上涨趋势，其中上涨幅度最大的是河南省（0.9 个百分点），安徽省上涨 0.8 个百分点，山西省上涨 0.7 个百分点，湖南省上涨 0.6 个百分点，湖北省上涨 0.4 个百分点，而江西省上涨幅度最小，仅为 0.1 个百分点（图 2-4）。

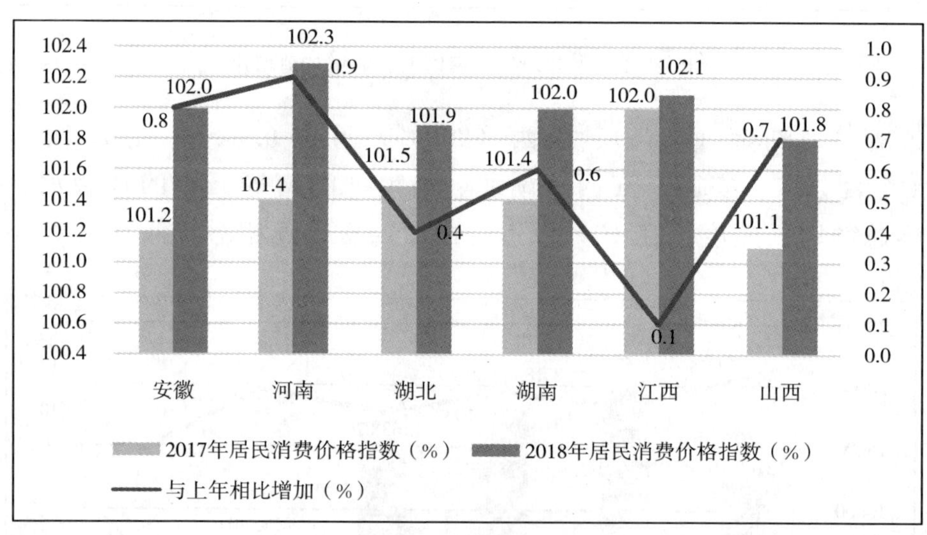


图 2-4 中部六省居民消费价格指数

3.2018 年安徽省社会消费品零售总额占 GDP 的比重居第五位，增幅位居第三位

2018 年安徽省社会消费品零售总额占 GDP 的比重由 2017 年的 41.43%下降至 40.32%。安徽省社会消费品零售总额占 GDP 的比重在中部六省的排名仍保持第五位，比湖北省（46.57%）、山西省（43.63%）、湖南省（42.93%）、河南省（42.86%）分别低 6.25、

3.31、2.61 和 2.54 个百分点。2018 年安徽省社会消费品零售总额占 GDP 比重增幅以 －1.10％在六省中排名第三位，比排名第一的湖南（－0.88％）低 0.22 个百分点，比排名第二的山西（－0.92％）低 0.18 个百分点。2018 年中部六省社会消费品零售总额占 GDP 比重均有不同程度的下降，江西省下降幅度最大（－2.81％）（图2 -5）。

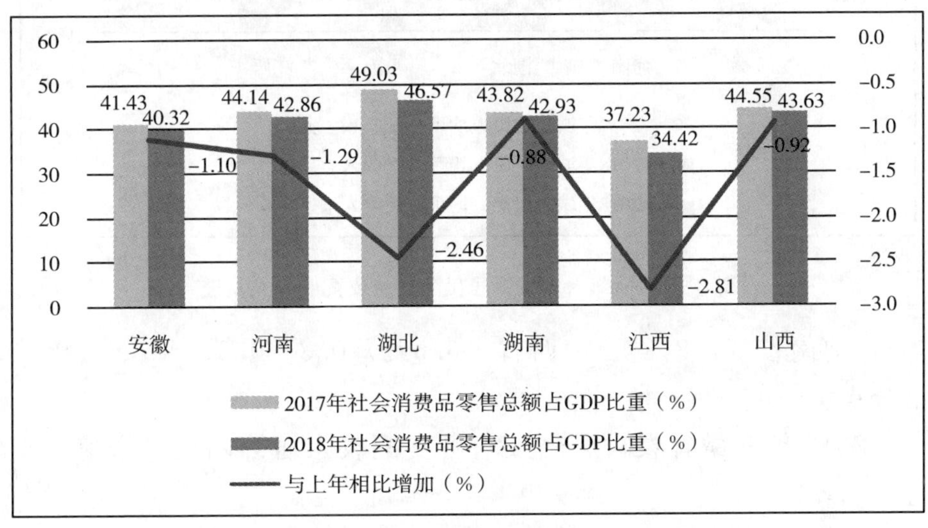


图 2－5　中部六省社会消费品零售总额占 GDP 比重

4.2018 年安徽省城镇居民人均可支配收入仍居第三位，增速上升至第一位

2018 年安徽省城镇居民人均可支配收入继续稳步上升，由 2017 年的 31640.32 元上升到 34393.00 元，增加 2752.68 元，增速为 8.7％（图 2－6）。

从绝对值来看，安徽省以 34393.00 元位列中部六省第三位，与 2017 年排名相同，比第一名湖南省（36697.79 元）低 2304.79 元，比第二名湖北省（34455.00 元）低 62 元，比第四名江西省（33819.00 元）、第五名河南省（31874.19 元）和第六名山西省（31035.00 元）分别高 574 元、2518.81 元和 3358 元。从增速来看，安徽省以 8.7％的增速居首位，高于江西省（8.4％）、湖南省（8.1％）、湖北省

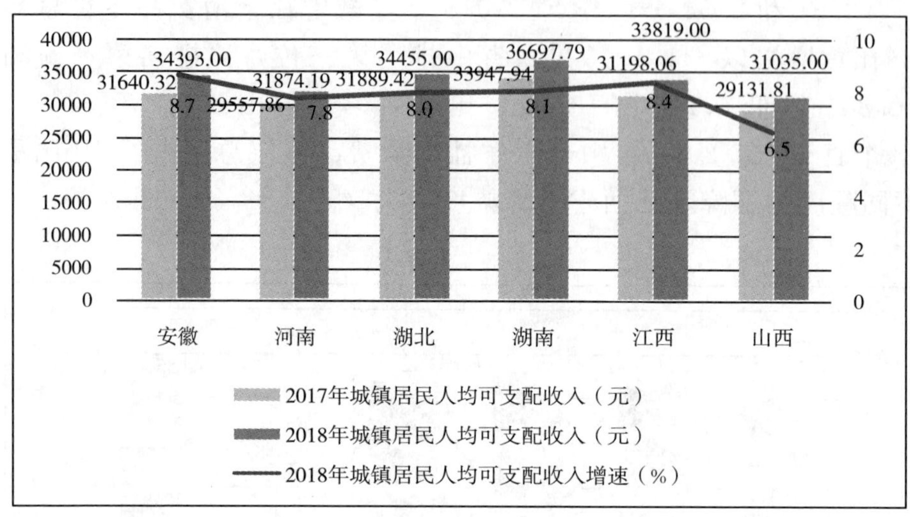


图 2-6 中部六省城镇居民人均可支配收入及增速

(8%)、河南省（7.8%）、山西省（6.5%）0.3、0.6、0.7、0.9、2.2 个百分点。

5.2018 年安徽省农村居民人均可支配收入居第四位，增速升至第一位

2018 年安徽省农村居民人均可支配收入为 13996.00 元，比 2017 年增加了 1237.78 元，增速为 9.7%。中部六省中，安徽省农村居民人均可支配收入绝对值排名与 2017 年相同，居第四位，比第一名湖北省（14978.00 元）低 982 元，比第二名江西省（14460.00 元）、第三名湖南省（14093.00 元）分别低 464 元、97 元，比河南省（13830.74 元）、山西省（11750.00 元）分别高 165.26 元、2246 元。在中部六省增速方面，安徽省（9.7%）从 2017 年的排名第二升至排名第一，其次为江西省（9.2%）（图 2-7）。

（三）投资比较

关于固定资产投资总额增速，2018 年安徽省以 11.8%的增速居中部六省第一位，比 2017 年上升三位，比江西省（11.1%）、湖北省（11.0%）、湖南省（10.0%）、河南省（8.1%）和山西省（5.7%）高 0.7、0.8、1.8、3.7、6.1 个百分点（图 2-8）。

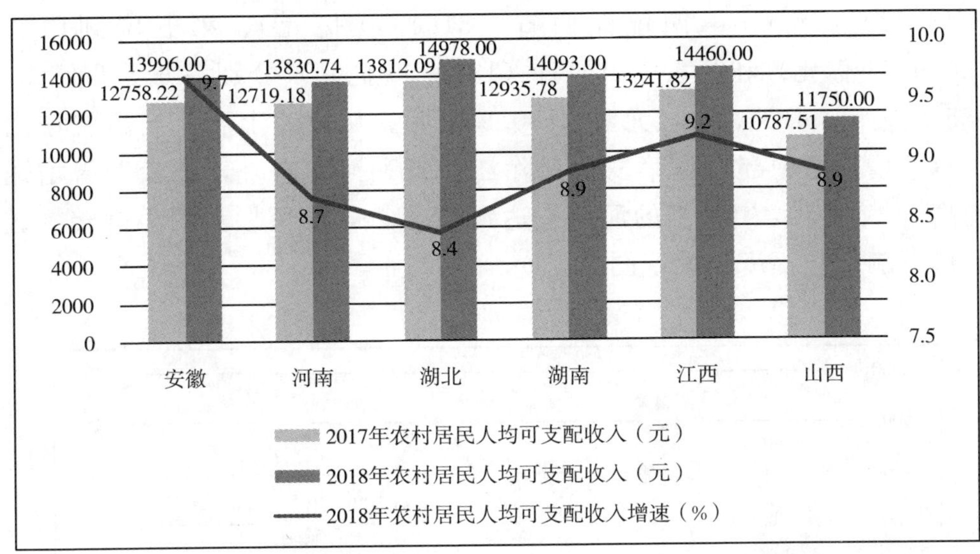


图 2-7　中部六省农村居民人均可支配收入及增速

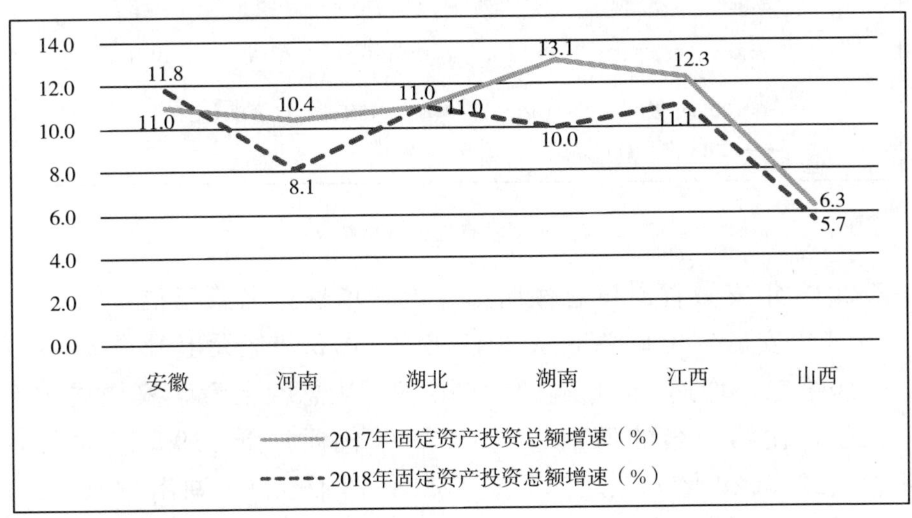


图 2-8　中部六省固定资产投资总额增速

## （四）进出口情况比较

### 1. 2018 年安徽省进出口总额居中部六省第二位，增速排名第三位

2018 年安徽省进出口总额为 4150.80 亿元，居中部六省第二位，比第一位河南省（5512.71 亿元）少 1361.91 亿元，比第三位湖北省

(3487.20 亿元)、第四位江西省(3164.90 亿元)、第五位湖南省(3079.51 亿元)和第六位山西省(1369.90 亿元)分别高 663.6 亿元、985.9 亿元、1071.29 亿元和 2780.9 亿元。从增速上看,安徽省进出口总额增速居中部六省第三位,除江西省和河南省外,其余四省增速均高于 10%,增速最高的河南省达到 26.5%,外贸形势明显好转,进出口总额增长幅度较大(图 2-9)。

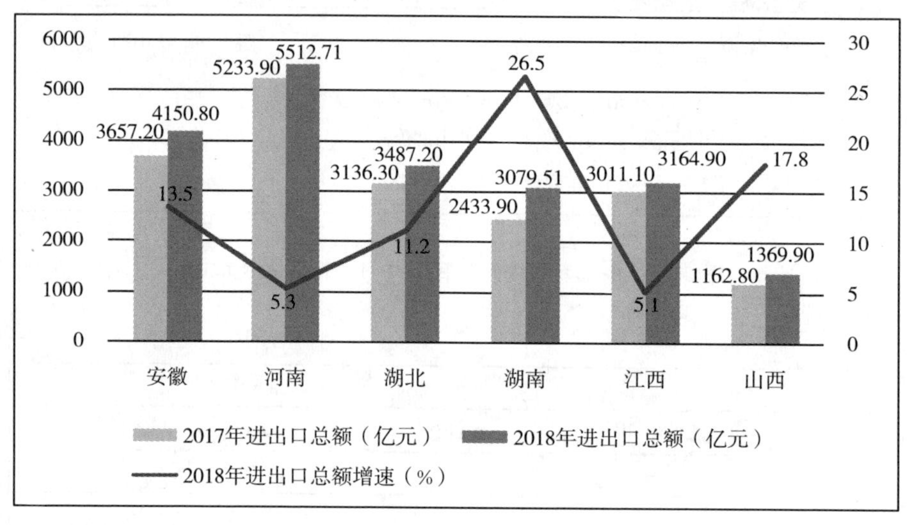


图 2-9 中部六省进出口总额及增速

2. 2018 年安徽省出口总额居第二位,增速排名第三位

2018 年安徽省出口总额从 2017 年的 2072.7 亿元上升至 2386.6 亿元,位居第二;增速 15.1%,位居第三。从总额上看,安徽居中部六省第二位,比第一名的河南省(3578.99 亿元)低 1192.39 亿元,比湖北省(2253.20 亿元)、江西省(2224.10 亿元)、湖南省(2026.70 亿元)分别高 133.4 亿元、162.5 亿元、359.9 亿元,比山西省(810.40 亿元)高 1576.2 亿元。从增速上看,安徽省出口总额增速居中部六省第三位,与 2017 年相比上升两位(图 2-10)。

3. 2018 年安徽省进口总额排名第二,增速排名第五位

2018 年安徽省进口总额为 1764.20 亿元,较 2017 年增加 179.7 亿元,增速为 11.3%(图 2-11)。

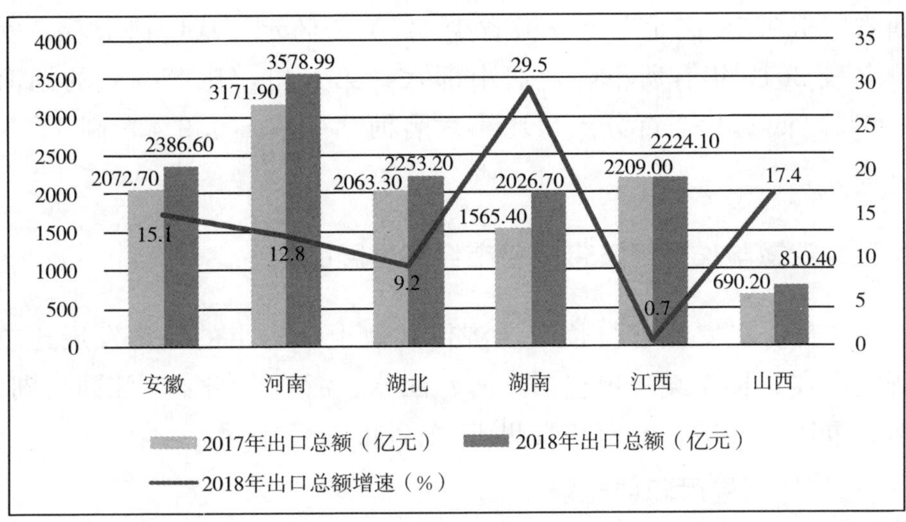


图 2-10　中部六省出口总额及增速

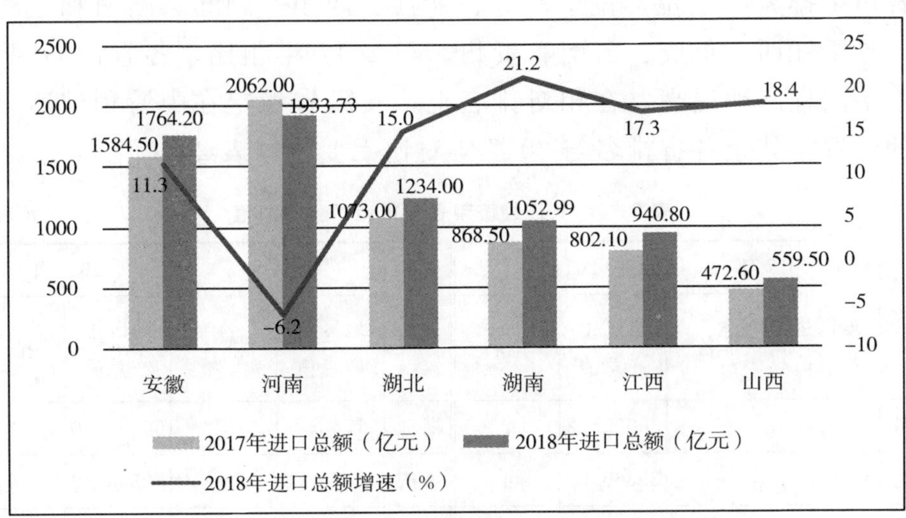


图 2-11　中部六省进口总额及增速

从总额来看，安徽省进口总额在中部六省中的排名与 2017 年相同，比第一名河南省（1933.73 亿元）少 169.53 亿元，比第三名的湖北省（1234.00 亿元）多 530.2 亿元。湖南省（1052.99 亿元）、江西省（940.80 亿元）分别比安徽省少 711.21 亿元、823.4 亿元，山西省（559.50 亿元）比安徽省少 1204.7 亿元。从增速上看，安徽省排名较 2017 年有所下降，居中部六省第五位，比第一名的湖南省（21.2%）低 9.9 个百分点，比第六名河南省（−6.2%）高 17.5 个百分点。

## 二、安徽与长江经济带各省市经济发展比较

第二部分以安徽省与长江经济带其他十个省市的经济发展比较作为研究内容。长江经济带包括上海、江苏、浙江、安徽、江西、湖北、湖南、重庆、四川、云南和贵州 11 个省市。

### （一）地区生产总值比较

1.2018 年安徽省地区生产总值排名第七位

2018 年安徽省地区生产总值为 30006.82 亿元，在长江经济带 11 个省市中排名第七位，位于江苏、浙江、四川、湖北、湖南和上海之后，高于江西、重庆、云南和贵州。与 2017 年相比，各省市 GDP 总量都不同程度地提高，在相对排名上，安徽省稳定在中游稍偏后第七名的位置，其余各省排名与 2017 年对比无变化（表 2－1）。

**表 2－1 长江经济带各省市地区生产总值** （亿元）

| 地区 | 2017 年 | | 2018 年 | | 地区 | 2017 年 | | 2018 年 | |
|---|---|---|---|---|---|---|---|---|---|
| | 地区生产总值 | 排名 | 地区生产总值 | 排名 | | 地区生产总值 | 排名 | 地区生产总值 | 排名 |
| 安徽 | 27018.00 | 7 | 30006.82 | 7 | 浙江 | 51768.26 | 2 | 56197.00 | 2 |
| 湖北 | 35478.09 | 4 | 39366.55 | 4 | 重庆 | 19424.73 | 9 | 20363.19 | 9 |
| 湖南 | 33902.96 | 5 | 36425.78 | 5 | 四川 | 36980.22 | 3 | 40678.13 | 3 |
| 江西 | 20006.31 | 8 | 21984.80 | 8 | 云南 | 16376.34 | 10 | 17881.12 | 10 |
| 上海 | 30632.99 | 6 | 32679.87 | 6 | 贵州 | 13540.83 | 11 | 14806.45 | 11 |
| 江苏 | 85869.76 | 1 | 92595.40 | 1 | — | — | — | — | — |

2. 2018 年安徽省规模以上工业增加值增速居第三位

2018 年安徽省规模以上工业增加值增速为 9.3%，在长江经济带 11 个省市中排名为第三位，与 2017 年相比上升两位，低于第一名云南省和第二名重庆市，高于贵州省、江西省、四川省、湖南省、浙江省、湖北省、江苏省和上海市（表 2-2）。

**表 2-2　长江经济带各省市规模以上工业增加值增速**　（%）

| 地区 | 安徽 | 湖北 | 湖南 | 江西 | 上海 | 江苏 | 浙江 | 重庆 | 四川 | 云南 | 贵州 |
|---|---|---|---|---|---|---|---|---|---|---|---|
| 2017 年 | 9.0 | 7.4 | 7.3 | 9.1 | 6.8 | 7.5 | 8.3 | 9.6 | 8.5 | 10.6 | 9.5 |
| 排名 | 5 | 9 | 10 | 4 | 11 | 8 | 7 | 2 | 6 | 1 | 3 |
| 2018 年 | 9.3 | 7.1 | 7.4 | 8.9 | 1.4 | 5.1 | 7.3 | 9.8 | 8.3 | 11.8 | 9 |
| 排名 | 3 | 9 | 7 | 5 | 11 | 10 | 8 | 2 | 6 | 1 | 4 |

## （二）消费比较

1. 2018 年安徽省社会消费品零售总额居第七位

社会消费品零售总额是表现消费需求的最直接指标，2018 年安徽省社会消费品零售总额为 12100 亿元（数据保留至整数位），较 2017 年有所提高。在长江经济带 11 个省市中，安徽省社会消费品零售总额排名与地区生产总值一样，均是第七位，仍有进一步提高的空间。位于第一名江苏省、第二名浙江省、第三名湖北省、第四名四川省、第五名湖南省、第六名上海市之后，高于重庆市、江西省、云南省和贵州省（表 2-3）。

**表 2-3　长江经济带各省市社会消费品零售总额**　（亿元）

| 地区 | 安徽 | 湖北 | 湖南 | 江西 | 上海 | 江苏 | 浙江 | 重庆 | 四川 | 云南 | 贵州 |
|---|---|---|---|---|---|---|---|---|---|---|---|
| 2017 年 | 11193 | 17394 | 14855 | 7448 | 11830 | 31737 | 24308 | 8068 | 17481 | 6423 | 4154 |
| 排名 | 7 | 4 | 5 | 9 | 6 | 1 | 2 | 8 | 3 | 10 | 11 |
| 2018 年 | 12100 | 18334 | 15638 | 7566 | 12669 | 34244 | 25008 | 8770 | 18255 | 6826 | 3971 |
| 排名 | 7 | 3 | 5 | 9 | 6 | 1 | 2 | 8 | 4 | 10 | 11 |

2. 2018 年安徽省社会消费品零售总额占 GDP 的比重居第六位

社会消费品零售总额占 GDP 的比重可以衡量消费对经济的贡献程

度。2018 年安徽省社会消费品零售总额占 GDP 的比重居长江经济带 11 个省市中的第六位（表 2－4）。

表 2－4 长江经济带各省市社会消费品零售总额占 GDP 的比重 （%）

| 地区 | 安徽 | 湖北 | 湖南 | 江西 | 上海 | 江苏 | 浙江 | 重庆 | 四川 | 云南 | 贵州 |
|---|---|---|---|---|---|---|---|---|---|---|---|
| 2017 年 | 41.43 | 49.03 | 43.82 | 37.23 | 38.62 | 36.96 | 46.96 | 41.53 | 47.27 | 39.22 | 30.68 |
| 排名 | 6 | 1 | 4 | 9 | 8 | 10 | 3 | 5 | 2 | 7 | 11 |
| 2018 年 | 40.32 | 46.57 | 42.93 | 34.42 | 38.77 | 36.98 | 44.50 | 43.07 | 44.88 | 38.17 | 26.82 |
| 排名 | 6 | 1 | 5 | 10 | 7 | 9 | 3 | 4 | 2 | 8 | 11 |

3.2018 年安徽省居民消费价格指数为 102.0%，位于长江经济带第八名

2018 年安徽省居民消费价格指数为 102.0%，与 2017 年相比，居民消费价格指数上升 0.8 个百分点。将居民消费价格指数倒序排列，安徽省、湖南省及重庆市并列第 7 位，由此可以表明，在长江经济带 11 个省市中，安徽省通胀控制水平一般（表 2－5）。

表 2－5 长江经济带各省市居民消费价格指数 （%）

| 地区 | 安徽 | 湖北 | 湖南 | 江西 | 上海 | 江苏 | 浙江 | 重庆 | 四川 | 云南 | 贵州 |
|---|---|---|---|---|---|---|---|---|---|---|---|
| 2017 年 | 101.2 | 101.5 | 101.4 | 102.0 | 101.7 | 101.7 | 102.1 | 101.0 | 101.4 | 100.9 | 100.9 |
| 排名 | 4 | 7 | 5 | 10 | 8 | 8 | 11 | 3 | 5 | 1 | 1 |
| 2018 年 | 102.0 | 101.9 | 102.0 | 101.9 | 101.6 | 102.3 | 102.3 | 102.0 | 101.7 | 101.6 | 101.8 |
| 排名 | 7 | 5 | 7 | 5 | 1 | 10 | 10 | 7 | 3 | 1 | 4 |

4.2018 年安徽省城镇居民人均可支配收入保持第七名

城镇居民人均可支配收入是反映居民全部现金收入能用于安排家庭日常生活的那部分收入，2018 年安徽省城镇居民人均可支配收入为 34393 元，较 2017 年的 31640 元有了 8.7%的增长。在长江经济带 11 个省市中，安徽省城镇居民人均可支配收入排在第七的位置，排名中游靠后，排名较 2017 年没有变动，低于上海市、浙江省、江苏省、湖南省、重庆市、湖北省（表 2－6）。

表2-6　长江经济带各省市城镇居民人均可支配收入　（元）

| 地区 | 安徽 | 湖北 | 湖南 | 江西 | 上海 | 江苏 | 浙江 | 重庆 | 四川 | 云南 | 贵州 |
|---|---|---|---|---|---|---|---|---|---|---|---|
| 2017年 | 31640 | 31889 | 33948 | 31198 | 62596 | 43622 | 51261 | 32193 | 30727 | 30996 | 29080 |
| 排名 | 7 | 6 | 4 | 8 | 1 | 3 | 2 | 5 | 10 | 9 | 11 |
| 2018年 | 34393 | 34455 | 36698 | 33819 | 68034 | 47200 | 55574 | 34889 | 33216 | 33488 | 31592 |
| 排名 | 7 | 6 | 4 | 8 | 1 | 3 | 2 | 5 | 10 | 9 | 11 |

5.2018年安徽省农村居民人均可支配收入排名与2017年相同，排名第七位

农村居民人均可支配收入是一项重要的反映地区农村居民收入平均水平的指标，2018年安徽省农村居民人均可支配收入为13996元，比2017年12758元增加了1238元。在长江经济带11个省市中，2018年安徽省排名第七位，低于上海市、浙江省、江苏省、湖北省、江西省、湖南省，高于重庆市、四川省、云南省和贵州省，较2017年排名没有变化。11个省市的农村居民人均可支配收入均不同程度地上升（表2-7）。

表2-7　长江经济带各省市农村居民人均可支配收入　（元）

| 地区 | 安徽 | 湖北 | 湖南 | 江西 | 上海 | 江苏 | 浙江 | 重庆 | 四川 | 云南 | 贵州 |
|---|---|---|---|---|---|---|---|---|---|---|---|
| 2017年 | 12758 | 13812 | 12936 | 13242 | 27825 | 19158 | 24956 | 12638 | 12227 | 9862 | 8869 |
| 排名 | 7 | 4 | 6 | 5 | 1 | 3 | 2 | 8 | 9 | 10 | 11 |
| 2018年 | 13996 | 14978 | 14093 | 14460 | 30375 | 20845 | 27302 | 13781 | 13331 | 10768 | 9716 |
| 排名 | 7 | 4 | 6 | 5 | 1 | 3 | 2 | 8 | 9 | 10 | 11 |

（三）投资比较

2018年安徽省固定资产投资总额居第五位，处于中游位置。

固定资产投资总额是以货币表现的建造和购置固定资产活动的工作量，能够反映地区的投资情况。2018年安徽省固定资产投资总额为32630亿元，比2017年的29186亿元高出3444亿元。安徽省固定资产投资总额低于江苏省、湖北省、湖南省、浙江省，排名第五位，高于

四川省、江西省、云南省、重庆市、贵州省和上海市 6 个省市，处于中游位置（表 2－8）。

表 2－8 长江经济带各省市固定资产投资总额 （亿元）

| 地区 | 安徽 | 湖北 | 湖南 | 江西 | 上海 | 江苏 | 浙江 | 重庆 | 四川 | 云南 | 贵州 |
|---|---|---|---|---|---|---|---|---|---|---|---|
| 2017 年 | 29186 | 31873 | 31328 | 21770 | 7247 | 53000 | 31126 | 17441 | 32097 | 18475 | 15000 |
| 排名 | 6 | 3 | 4 | 7 | 11 | 1 | 5 | 9 | 2 | 8 | 10 |
| 2018 年 | 32630 | 35379 | 34461 | 24187 | 7623 | 55650 | 33336 | 18661 | 28065 | 20618 | 17370 |
| 排名 | 5 | 2 | 3 | 7 | 11 | 1 | 4 | 9 | 6 | 8 | 10 |

（四）进出口情况比较

1. 2018 年安徽省进出口总额列第六位

2018 年安徽省进出口总额创历史新高，外贸发展质量持续提升。在全球经济稳中向好的大环境下，长江经济带 10 个省市的进出口总额均不同幅度地上升，仅贵州省小幅下降，进出口总额从 551 亿元下降至 501 亿元。2018 年安徽省进出口总额在长江经济带 11 个省市中排名第六位，与 2017 年相同，依次低于江苏省、上海市、浙江省、四川省和重庆市，安徽省进出口总额保持中等水平（表 2－9）。

表 2－9 长江经济带各省市进出口总额 （亿元）

| 地区 | 安徽 | 湖北 | 湖南 | 江西 | 上海 | 江苏 | 浙江 | 重庆 | 四川 | 云南 | 贵州 |
|---|---|---|---|---|---|---|---|---|---|---|---|
| 2017 年 | 3657 | 3136 | 2434 | 3011 | 32243 | 39998 | 25605 | 4508 | 4605 | 1583 | 551 |
| 排名 | 6 | 7 | 9 | 8 | 2 | 1 | 3 | 5 | 4 | 10 | 11 |
| 2018 年 | 4151 | 3487 | 3080 | 3165 | 34010 | 43802 | 28519 | 5223 | 5948 | 1973 | 501 |
| 排名 | 6 | 7 | 9 | 8 | 2 | 1 | 3 | 5 | 4 | 10 | 11 |

2. 2018 年安徽省出口总额居长江经济带第六位

2018 年安徽省出口总额较 2017 年小幅增长，由 2017 年的 2073 亿元上升至 2387 亿元，长江经济带 10 个省市的出口总额均有不同幅度的上升，贵州省从 2017 年的 391 亿元下降至 2018 年的 337 亿元。

2018 年安徽省出口总额在 11 个省市中排名第 6 位，相比 2017 年上升了一位，仍低于江苏省、浙江省、上海市、重庆市和四川省，高于湖北省、江西省、湖南省、云南省和贵州省，安徽省出口总额在长江经济带中仍有较大的增长空间（表2-10）。

**表2-10 长江经济带各省市出口总额**（亿元）

| 地区 | 安徽 | 湖北 | 湖南 | 江西 | 上海 | 江苏 | 浙江 | 重庆 | 四川 | 云南 | 贵州 |
|---|---|---|---|---|---|---|---|---|---|---|---|
| 2017年 | 2073 | 2063 | 1565 | 2209 | 13118 | 24589 | 19440 | 2884 | 2539 | 775 | 391 |
| 排名 | 7 | 8 | 9 | 6 | 3 | 1 | 2 | 4 | 5 | 10 | 11 |
| 2018年 | 2387 | 2253 | 2027 | 2224 | 13667 | 26658 | 21182 | 3395 | 3335 | 848 | 337 |
| 排名 | 6 | 7 | 9 | 8 | 3 | 1 | 2 | 4 | 5 | 10 | 11 |

3.2018年安徽省进口总额排名第六位

2018年安徽省进口总额为1764亿元，较2017年的1585亿元上升了179亿元，其余10个省市的进口总额均不同程度地上升。2018年安徽省进口总额排名与2017年相同，为第六位，处于中间位置，低于上海市、江苏省、浙江省、四川省和重庆市，高于湖北省、云南省、湖南省、江西省和贵州省（表2-11）。

**表2-11 长江经济带各省市进口总额**（亿元）

| 地区 | 安徽 | 湖北 | 湖南 | 江西 | 上海 | 江苏 | 浙江 | 重庆 | 四川 | 云南 | 贵州 |
|---|---|---|---|---|---|---|---|---|---|---|---|
| 2017年 | 1585 | 1073 | 869 | 802 | 19125 | 15409 | 6166 | 1625 | 2066 | 808 | 160 |
| 排名 | 6 | 7 | 8 | 10 | 1 | 2 | 3 | 5 | 4 | 9 | 11 |
| 2018年 | 1764 | 1234 | 1053 | 941 | 20343 | 17145 | 7337 | 1827 | 2613 | 1125 | 163 |
| 排名 | 6 | 7 | 9 | 10 | 1 | 2 | 3 | 5 | 4 | 8 | 11 |

## 三、综合比较

本章采用主成分分析法，对中部六省、长江经济带各省市的经济运行情况进行综合评价，考察2017—2018年中部六省、长江经济带各省市的经济运行综合情况。另外，采用聚类分析法对长江经济带11个省市进行聚类分析，剖析区域经济发展的共同特征。

### （一）中部六省经济运行情况综合评价

本节采用前文讨论的地区生产总值、工业增加值增速、社会消费品零售总额、社会消费品零售总额占 GDP 比重、城镇居民人均可支配收入、农村居民人均可支配收入、固定资产投资总额、出口总额和进口总额共 9 个指标。居民消费价格指数为适度指标，综合评价时未包括。2017—2018 年中部六省综合指标对比详见附表 2－1 所列。中部六省经济运行情况综合评价选用主成分分析法。主成分分析过程中，主成分的选择标准是先满足累计贡献率在 85％以上，然后再筛选特征值大于 1 的主成分，计算各省主成分得分，并进行排名（表 2－12）。综合评价得分为负值，表示该地区的经济发展水平低于中部六省平均水平。

**表 2－12　中部六省经济运行情况综合评价得分及排名**

| 地区＼年份 | 2017 | | 2018 | |
|---|---|---|---|---|
| | 综合得分 | 位次 | 综合得分 | 位次 |
| 安徽省 | －0.1426 | 4 | 0.7098 | 4 |
| 河南省 | 3.5956 | 1 | 3.5952 | 1 |
| 湖北省 | 2.1605 | 2 | 1.9359 | 2 |
| 湖南省 | 0.7761 | 3 | 0.8896 | 3 |
| 江西省 | －2.0792 | 5 | －1.7508 | 5 |
| 山西省 | －4.3115 | 6 | －5.3796 | 6 |

从表 2－12 可以看出，2018 年安徽省在中部六省中的排名与 2017 年相同，居第四位，低于河南省、湖北省和湖南省，高于江西省和山西省。其他各省排名也相对稳定，没有变动。

### （二）长江经济带经济运行情况综合评价

长江经济带经济运行情况综合评价采用地区生产总值、规模以上工业增加值增速、社会消费品零售总额、社会消费品零售总额占 GDP 的比重、城镇居民人均可支配收入、农村居民人均可支配收入、固定资产投资总额、出口总额和进口总额共 9 个指标。2017—2018 年长江经济带各省市综合指标对比详见附表 2－2 所列。

1. 主成分分析

长江经济带各省市经济运行情况综合评价得分及排名见表 2－13 所列。综合评价得分为负值，表示该地区的经济发展水平低于长江经济带 11 个省市的平均水平。

**表 2－13　长江经济带各省市经济运行情况综合评价得分及排名**

| 地区 | 2017 年综合得分 | 2017 年排名 | 2018 年综合得分 | 2018 年排名 |
|---|---|---|---|---|
| 安徽省 | －0.2729 | 7 | －0.2714 | 7 |
| 湖北省 | 0.1199 | 4 | 0.0267 | 4 |
| 湖南省 | 0.0123 | 5 | －0.0854 | 6 |
| 江西省 | －0.4572 | 9 | －0.4767 | 9 |
| 上海市 | 0.6749 | 3 | 0.7857 | 3 |
| 江苏省 | 1.0908 | 1 | 1.1271 | 1 |
| 浙江省 | 0.7850 | 2 | 0.7908 | 2 |
| 重庆市 | －0.4450 | 8 | －0.3743 | 8 |
| 四川省 | －0.0158 | 6 | －0.0701 | 5 |
| 云南省 | －0.6861 | 10 | －0.6348 | 10 |
| 贵州省 | －0.8059 | 11 | －0.8175 | 11 |

从长江经济带 11 个省市经济运行情况的主成分综合评价结果来看，2018 年横向比较中安徽省居第七位，处于中游稍偏后的位置，低于江苏省、浙江省、上海市、湖北省、四川省和湖南省，高于重庆市、江西省、云南省和贵州省。纵向比较中，2018 年与 2017 年相比安徽省排名相同，其他各省市排名也相对稳定，没有较大变动。

2. 聚类分析

聚类分析是一种依据研究对象的数值特征，对其进行分类，将一组研究对象分为相对同质的群组的统计分析技术。本节对长江经济带 11 个省市进行聚类分析，考察长江经济带城市经济发展水平的相似性。根据 2018 年各省市上述 9 个经济指标，将长江经济带 11 个省市的聚成三大类，得到长江经济带 11 个省市的聚类分析树状图，如图 2 -12 所示。

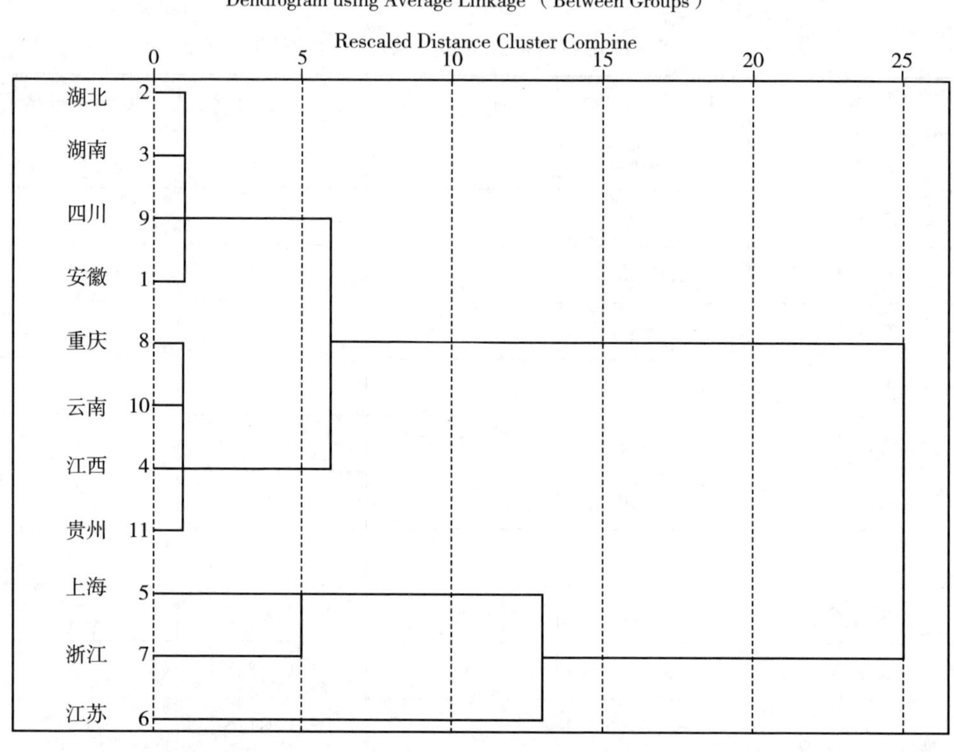


图 2 - 12　长江经济带 11 个省市的聚类分析树状图

从图 2 - 12 可以看出，将长江经济带划分为三大类：第一类为江苏省，第二类是浙江省和上海市，其他 8 个省市为第三类。安徽省同湖北省、湖南省、四川省、重庆市、云南省、江西省、贵州省为同一梯队，并且与湖北省、湖南省和四川省类中心更为接近。其中第一梯队的江苏省与第二梯队的浙江省、上海市，是经济发展的优势省份(市)。安徽省作为长江经济带承东启西的枢纽，应积极融入长三角，推动省域经济与江浙沪区域板块深度嵌合，成为长江经济带的重要战略支撑。

附表2-1　2017—2018年中部六省综合指标对比

| 年度 | 地区 | 地区编号 | 地区生产总值（亿元） | 规模以上工业增加值增速（%） | 社会消费品零售总额（亿元） | 社会消费品零售总额占GDP比重（%） | 城镇居民人均可支配收入（元） | 农村居民人均可支配收入（元） | 固定资产投资总额（亿元） | 出口总额（亿元） | 进口总额（亿元） |
|---|---|---|---|---|---|---|---|---|---|---|---|
| 2017 | 安徽 | 1 | 27018.00 | 9.0 | 11192.6 | 41.43 | 31640.32 | 12758.22 | 29275.06 | 2072.7 | 1584.5 |
| | 河南 | 2 | 44552.83 | 8.0 | 19666.8 | 44.14 | 29557.86 | 12719.18 | 44496.93 | 3171.9 | 2062.0 |
| | 湖北 | 3 | 35478.09 | 7.4 | 17394.1 | 49.03 | 31889.42 | 13812.09 | 32282.36 | 2063.3 | 1073.0 |
| | 湖南 | 4 | 33902.96 | 7.3 | 14854.9 | 43.82 | 33947.94 | 12935.78 | 31959.23 | 1565.4 | 868.5 |
| | 江西 | 5 | 20006.31 | 9.1 | 7448.1 | 37.23 | 31198.06 | 13241.82 | 22085.34 | 2209.0 | 802.1 |
| | 山西 | 6 | 15528.42 | 7.0 | 6918.1 | 44.55 | 29131.81 | 10787.51 | 6040.54 | 690.2 | 472.6 |
| 2018 | 安徽 | 1 | 30006.82 | 9.3 | 12100.1 | 40.32 | 34393.00 | 13996.00 | 32629.95 | 2386.6 | 1764.2 |
| | 河南 | 2 | 48055.86 | 7.2 | 20594.7 | 42.86 | 31874.19 | 13830.74 | 47445.48 | 3579.0 | 1933.7 |
| | 湖北 | 3 | 39366.55 | 7.1 | 18333.6 | 46.57 | 34455.00 | 14978.00 | 35378.55 | 2253.2 | 1234.0 |
| | 湖南 | 4 | 36425.78 | 7.4 | 15638.3 | 42.93 | 36697.79 | 14093.00 | 34460.89 | 2026.7 | 1053.0 |
| | 江西 | 5 | 21984.80 | 8.9 | 7566.4 | 34.42 | 33819.00 | 14460.00 | 24186.91 | 2224.1 | 940.8 |
| | 山西 | 6 | 16818.11 | 4.1 | 7338.5 | 43.63 | 31035.00 | 11750.00 | 6048.37 | 810.4 | 559.5 |

附表 2-2　2017—2018 年长江经济带各省市综合指标对比

| 年份 | 地区 | 地区编号 | 地区生产总值（亿元） | 规模以上工业增加值增速（%） | 全社会消费品零售总额（亿元） | 社会消费品零售总额占 GDP 比重（%） | 城镇居民人均可支配收入（元） | 农村居民人均可支配收入（元） | 固定资产投资总额（亿元） | 出口总额（亿元） | 进口总额（亿元） |
|---|---|---|---|---|---|---|---|---|---|---|---|
| 2017 | 安徽 | 1 | 27018.00 | 9.0 | 11192.6 | 41.43 | 31640.32 | 12758.22 | 29275.06 | 2072.7 | 1584.5 |
| | 湖北 | 2 | 35478.09 | 7.4 | 17394.1 | 49.03 | 31889.42 | 13812.09 | 32282.36 | 2063.3 | 1073.0 |
| | 湖南 | 3 | 33902.96 | 7.3 | 14854.9 | 43.82 | 33947.94 | 12935.78 | 31959.23 | 1565.4 | 868.5 |
| | 江西 | 4 | 20006.31 | 9.1 | 7448.1 | 37.23 | 31198.06 | 13241.82 | 22085.34 | 2209.0 | 802.1 |
| | 上海 | 5 | 30632.99 | 6.8 | 11830.3 | 38.62 | 62595.74 | 27825.04 | 7246.60 | 13117.8 | 19125.1 |
| | 江苏 | 6 | 85869.76 | 7.5 | 31737.4 | 36.96 | 43621.75 | 19158.03 | 53277.03 | 24588.7 | 15408.8 |
| | 浙江 | 7 | 51768.26 | 8.3 | 24308.5 | 46.96 | 51260.73 | 24955.77 | 31696.03 | 19439.5 | 6165.6 |
| | 重庆 | 8 | 19424.73 | 9.6 | 8067.7 | 41.53 | 32193.23 | 12637.91 | 17537.05 | 2883.5 | 1624.6 |
| | 四川 | 9 | 36980.22 | 8.5 | 17480.5 | 47.27 | 30726.87 | 12226.92 | 31902.09 | 2538.5 | 2066.4 |
| | 云南 | 10 | 16376.34 | 10.6 | 6423.1 | 39.22 | 30995.88 | 9862.17 | 18935.99 | 774.6 | 807.9 |
| | 贵州 | 11 | 13540.83 | 9.5 | 4154.0 | 30.68 | 29079.84 | 8869.10 | 15503.86 | 391.3 | 160.0 |

（续表）

| 年份 | 地区 | 地区编号 | 地区生产总值（亿元） | 规模以上工业增加值增速（%） | 全社会消费品零售总额（亿元） | 社会消费品零售总额占GDP比重（%） | 城镇居民人均可支配收入（元） | 农村居民人均可支配收入（元） | 固定资产投资总额（亿元） | 出口总额（亿元） | 进口总额（亿元） |
|---|---|---|---|---|---|---|---|---|---|---|---|
| 2018 | 安徽 | 1 | 30006.82 | 9.3 | 12100.1 | 40.32 | 34393.00 | 13996.00 | 32629.95 | 2386.6 | 1764.2 |
| | 湖北 | 2 | 39366.55 | 7.1 | 18333.6 | 46.57 | 34455.00 | 14978.00 | 35378.55 | 2253.2 | 1234.0 |
| | 湖南 | 3 | 36425.78 | 7.4 | 15638.3 | 42.93 | 36697.79 | 14093.00 | 34460.89 | 2026.7 | 1053.0 |
| | 江西 | 4 | 21984.80 | 8.9 | 7566.4 | 34.42 | 33819.00 | 14460.00 | 24186.91 | 2224.1 | 940.8 |
| | 上海 | 5 | 32679.87 | 1.4 | 12668.7 | 38.77 | 68034.00 | 30375.00 | 7623.42 | 13666.9 | 20343.1 |
| | 江苏 | 6 | 92595.40 | 5.1 | 34244.2 | 36.98 | 47200.00 | 20845.00 | 55650.00 | 26657.7 | 17144.7 |
| | 浙江 | 7 | 56197.00 | 7.3 | 25008.0 | 44.50 | 55574.00 | 27302.00 | 33335.95 | 21182.0 | 7337.0 |
| | 重庆 | 8 | 20363.19 | 9.8 | 8769.6 | 43.07 | 34889.00 | 13781.00 | 18661.41 | 3395.3 | 1827.3 |
| | 四川 | 9 | 40678.13 | 8.3 | 18254.5 | 44.88 | 33216.00 | 13331.00 | 28065.26 | 3334.8 | 2613.1 |
| | 云南 | 10 | 17881.12 | 11.8 | 6826.0 | 38.17 | 33488.00 | 10768.00 | 20617.98 | 847.7 | 1125.3 |
| | 贵州 | 11 | 14806.45 | 9.0 | 3971.2 | 26.82 | 31592.00 | 9716.00 | 17370.00 | 337.4 | 163.3 |

# 第三章 2019年安徽经济发展前景预测

## 一、安徽经济发展环境的定性分析

2018年以来，面对错综复杂的国内外形势，在安徽省委省政府的坚强领导下，全省上下坚持稳中求进的工作总基调，对标高质量发展要求，扎实推进供给侧结构性改革，深入实施“五大发展行动计划”，特别是三季度以来，认真贯彻中央“六稳”要求，突出抓落实、全力保预期，成效明显，全省经济运行平稳、好于预期，高质量发展取得积极进展。

从国际环境来看，2018年是国际金融危机全面爆发10周年，也是世界经济格局大发展大变革大调整的一个重要转折点。今年发生的若干重大事件，将从技术、结构、规则等各个层面深刻影响未来较长时期世界的经济走势和经济全球化进程。特别值得重视的是，美国通过“货币政策正常化+保护主义+规则高标准化”的政策组合，正在诱使或迫使全球资本向美国流动，以新规则为基础强化发达经济体“统一战线”，对发展中国家形成“资本流出+规则边缘化”的双重压力。总体来看，当前世界经济呈现动能趋缓、分化明显、下行风险上升、规则调整加快的特点，2019年面临的不确定、不稳定因素增多，预计仍将维持增长态势。

安徽省各地各部门认真贯彻党中央、国务院的决策部署，多措并举、积极应变，较好地应对了一系列风险挑战，保持了经济平稳增长，提高了发展质量和效益，增进了人民福祉，既保持了“稳”，又实现了“进”，推动高质量发展取得积极进展。但应该看到，当前外部环境发生明显变化，中美贸易摩擦是今后一个时期经济发展面临的最大不确定因素；同时，制约经济持续稳定向好的深层次矛盾和问题仍较突出，一些新情况、新问题需高度关注。下一阶段，在习近平新时代中国特色社会主义思想的指导下，要认真落实中央“六稳”工作要求，坚定发展信心，持续加大各项政策措施的落实力度，增强内生动力、挖掘内需潜力，确保就业比较充分、居民持续增收、预期总体稳定，努力推动全省经济持续健康较快发展。

为了比较安徽与全国其他各省市的经济运行情况，我们利用统计局网站的数据，绘制出 2018 年 31 个省市的地区生产总值对比图，如图 3－1 所示。

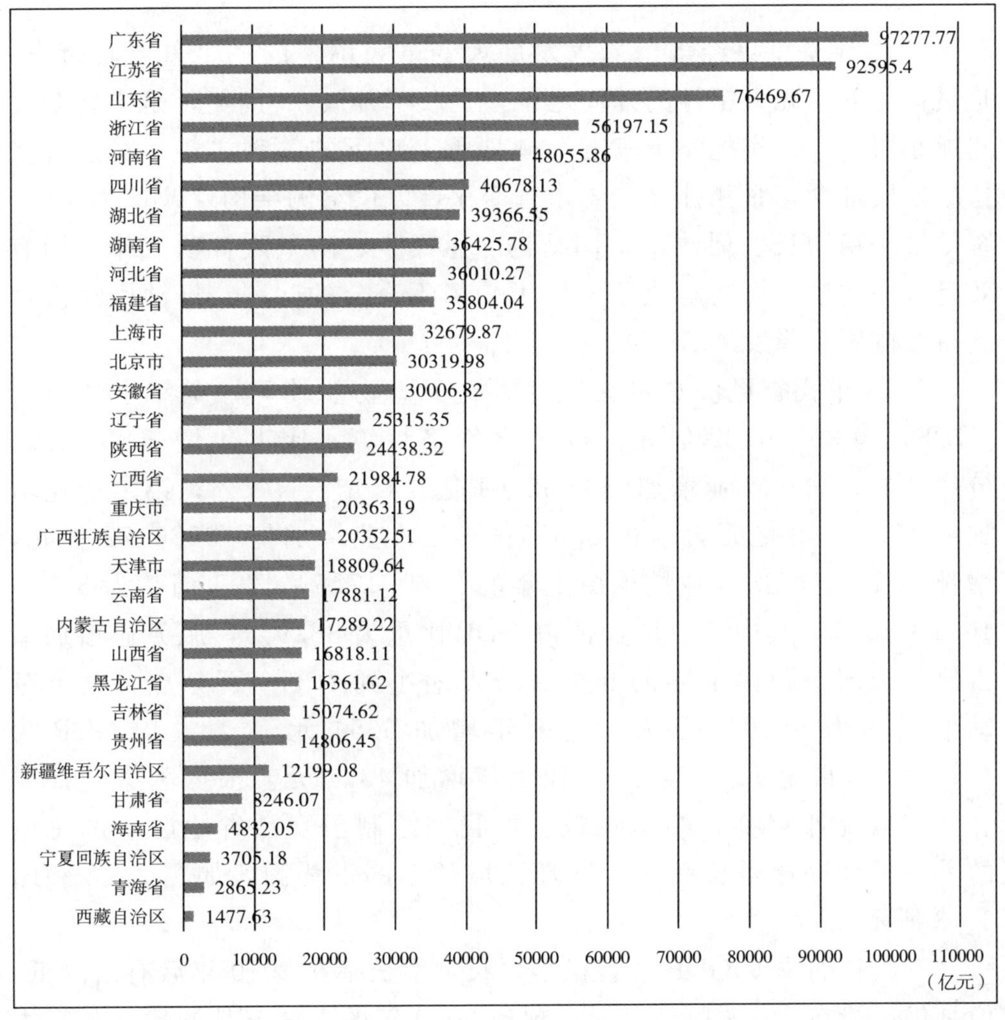


图 3－1　2018 年 31 个省市的地区生产总值

观察此图，我们发现2018年安徽省创造的GDP排在中等偏上的位置，但是仍有较大的上升空间。安徽省近年来的经济发展状况一直保持中游水平，但是在经济建设中还有许多需要改进的地方，因此我们要坚持“稳中求进”，在未来几十年中力争全国上游水平。各地各部门应继续保障政策措施落实，不断增强经济发展动力，着力于促进经济行稳致远。

## 二、2019年安徽经济增长水平预测

2018年是世界经济格局大发展大变革大调整的一个重要转折点，是贯彻党的十九大精神的开局之年，是改革开放40周年，是决胜全面建成小康社会、实施“十三五”规划承上启下的关键之年。安徽省坚持新发展理念，紧扣社会主要矛盾变化，以供给侧结构性改革为主线，统筹推进稳增长、促改革、调结构、惠民生、防风险各项工作，用有效且有力的措施切实解决了发展不平衡不充分的问题，推动了经济社会持续健康平稳发展。

2018年我省经济总量突破3万亿元。初步核算，全年生产总值（GDP）为30006.82亿元，按可比价格计算，比上年增长8.02%。分产业看，第一产业增加值2638.01亿元，增长3.2%；第二产业增加值13842.09亿元，增长8.5%；第三产业增加值13526.72亿元，增长8.6%。三次产业结构由上年的9.6∶47.5∶42.9调整为8.8∶46.1∶45.1，其中工业增加值占GDP比重为38.9%，服务业增加值占比与全国差距由上年的9个百分点缩小到7.1个百分点。全员劳动生产率为68484元/人，比上年增加6654元/人。人均GDP为47712元（折合7210美元），比上年增加4311元。根据国家统计局和《安徽统计年鉴》的历年数据，我们绘制了安徽省地区生产总值的季度累计同比增长率和年度环比增长率的走势图，如图3-2和图3-3所示。

安徽省的季度GDP一直稳步增长，增长率在2010年后有所降低，但是仍保持在8%～14%之间，预计2019年的季度累计同比增长率大约为8%。安徽省GDP的年度环比增长率自2000年以来虽然有升有

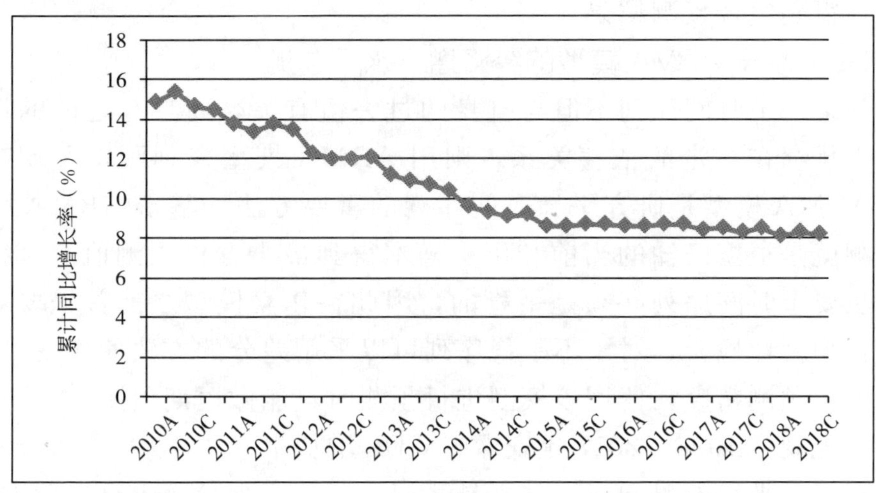


图 3-2　2010—2018 年安徽省季度 GDP 累计同比增长率

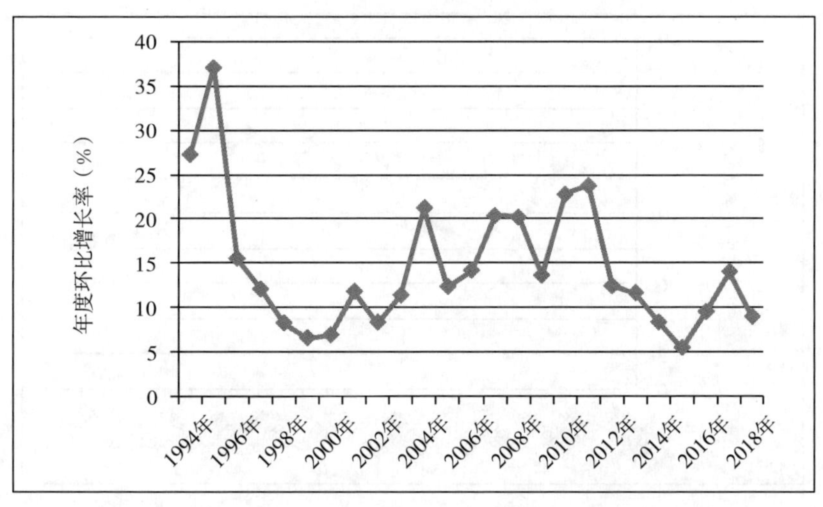


图 3-3　1994—2018 年安徽省 GDP 年度环比增长率

降，但变化不大；近几年的增长率逐年降低，预计 2019 年将降至 8%左右。

由于数据不完整，我们将采用时间序列预测法将 2018 年第四季度的 GDP 预测出来，并以此预测 2019 年的经济增长率。下面采用多种模型来预测 2019 年的经济增长率，最后根据各种预测的相对误差确定权重，得到组合预测结果。

## （一）基于 ARMA 模型的经济增长水平预测

如果一个时间序列不但与自身的过去值有关，而且与之前的系统外部干扰存在一定的依存关系，则用 ARMA 模型来刻画这种动态特征。ARMA 模型是研究平稳时间序列的重要方法，基于 ARMA 模型的预测就是根据已知的当前和历史样本得到最小方差预测值。这种预测方法要求时间序列必须是平稳的，因此在建立模型之前首先要对数据进行平稳性检验，对于不平稳序列可以采用差分的方法使之变平稳。为了确保预测精度，使用该模型进行预测时只能做短期预测。

首先观察 1993—2017 年安徽省 GDP 增长率（图 3－4），可以看出此序列不是平稳的时间序列。于是我们对原始序列 $\{X_t\}$ 进行二阶差分，并进行 ADF 单位根检验，见表 3－1 所列。

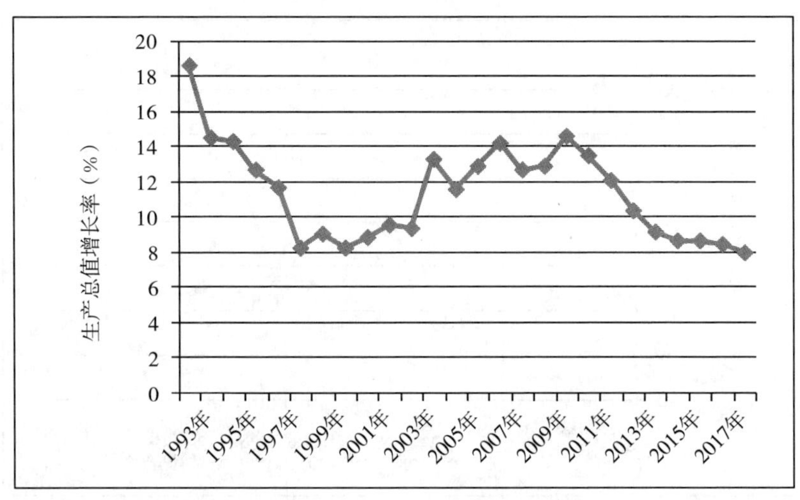


图 3－4 1993—2018 年安徽省 GDP 增长率

**表 3－1 二阶差分后序列的 ADF 检验结果**

| 检验类型 | 显著性水平 | ADF 检验值 | 临界值 | 结论 |
|---|---|---|---|---|
| 回归方程包含常数项 | 1% | －3.750 | －3.6463 | 平稳 |
| | 5% | －3.000 | －2.9540 | 平稳 |
| | 10% | －2.630 | －2.6158 | 平稳 |

上述结果说明变换后的序列是平稳的时间序列。通过观察序列的自相关系数和偏自相关系数，我们初步确定参数为：$p=0\sim3$，$q=1$，再根据各模型的拟合结果进行比较分析，最后确定模型为AR（1）。使用最小二乘法估计模型的参数，模型形式如下：

$$(1+0.6265B)(1-B)^2X_t=9.3283+\varepsilon_t \tag{3-1}$$

其中，$B$ 为延迟算子，$\{\varepsilon_t\}$ 是白噪声过程，服从 $\mathrm{WN}(0, \sigma_\varepsilon^2)$。然后我们对参数的显著性和模型的优劣程度进行检验，见表3-2所列。

**表3-2 模型的拟合效果和参数的检验结果**

| 模型 | $t$ 统计量 | $P$ 值 | 可决系数 | $AIC$ 值 | $DW$ 值 |
| --- | --- | --- | --- | --- | --- |
| AR（1） | 11.97 | 0.000 | 0.62 | 6.24 | 2.39 |

根据表3-2的结果，我们可以看到 $t$ 统计量的 $P$ 值显著地小于0.05，即参数显著不为零，参数估计是有效的。可决系数为0.62，表明此模型的整体拟合效果较好，基本能够描述实际序列的变动趋势。此模型的 $AIC$ 值是6.24，明显小于其他模型，也就是说符合 $AIC$ 值越小越好的准则。另外，模型的 $DW$ 值为2.39，接近于2，代表残差序列不存在自相关关系，模型拟合良好。据此，我们可以认为此AR（1）模型通过了检验，且拟合效果良好。

根据上述模型，我们经过计算还原，预测出2019年安徽省GDP增长率大约为8.2%，进一步预测出2019年安徽生产总值约为32467.38亿元。

### （二）BP神经网络预测模型

BP神经网络是一种具有三层或三层以上神经元的神经网络，包括输入层、隐含层（可以有多个）和输出层。基于神经网络的BP算法，是一组学习样本提供给输入神经元，通过隐含层传播给输出层，输出层的各神经元获得网络输出值，再按照网络输出值与实际样本输出值之间误差的方向，反向经过各隐含层回到输入层，逐步修正各连接权值的算法。因此，BP算法分为两个部分：一是利用原始数据对神经网络进行训练；二是使用训练好的神经网络对新数据进行预测。预测模型如下：

1. 利用原始数据训练神经网络

设某一层中任一神经元的输入为 $x_j$，输出为 $y_j$，与这一层神经元相邻的低一层中任一神经元的输出为 $y_i$，则有：

$$x_j = \sum_i w_{ji} y_i, \quad y_j = f(x_j) \tag{3-2}$$

其中，输出变换函数 $f(x)$ 取为 $s$ 函数，即：

$$y_j = f(x_j) = \frac{1}{1 + e^{-x_j}} \tag{3-3}$$

网络的系统均方差为：

$$E = \frac{1}{2} \sum_p \sum_k (o_{pk} - y_{pk})^2 \tag{3-4}$$

其中，$o_{pk}$ 为第 $p$ 个输入模式下第 $k$ 个神经元的期望输出，$y_{pk}$ 为实际输出。

由于BP算法遵循“负梯度下降”理论，故误差的调整方向总是沿着误差下降最快的方向进行，常规三层 BP 网络的权值和阈值的调整公式如下：

$$w_{ij}(t+1) = -\eta \frac{\partial E}{\partial w_{ij}} + w_{ij}(t), \quad w_{jk}(t+1) = -\eta \frac{\partial E}{\partial w_{jk}} + w_{jk}(t) \tag{3-5}$$

$$B_{ij}(t+1) = -\eta \frac{\partial E}{\partial B_{ij}} + B_{ij}(t), \quad B_{jk}(t+1) = -\eta \frac{\partial E}{\partial B_{jk}} + B_{jk}(t) \tag{3-6}$$

在具体训练之前，我们要先设定好学习速度、显示一次结果的轮回次数、最大训练轮回次数。其中，学习速度是指每一次误差修正过程中的权值变化量，过快的学习速度会使系统不稳定，过慢的学习速度导致收敛速度过慢，从而延长训练时间，降低效率。

给定学习精度 $\varepsilon$，若 $E < \varepsilon$，则结束学习；若 $E > \varepsilon$，则进一步训练。最后利用训练好的神经网络对原始数据进行仿真，并将原始数据仿真的结果与已知样本进行对比。

2. 对新数据进行预测

利用以上训练好的神经网络，带入新数据，对新数据进行仿真，并把仿真得到的数据还原到原始的数量级，从而得到预测值。

本书将运用 Matlab 软件，对安徽省 1990—2018 年的 GDP 增长率进行神经网络训练。对于神经元权值和阈值的初始值，我们在(−1，1)之间选取一个随机数。综合考虑训练效果的观察调整难度和误差的降低，我们考虑设定 1 层隐含层，即网络层数是 3 层。然后，将年份作为输入向量，将安徽省 GDP 增长率作为输出向量，并且利用公式确定隐含层的神经元数目。公式如下：

$$L=\sqrt{m+n} \tag{3-7}$$

$$L=\sqrt{0.43mn+0.12n^2+2.54m+0.77n+0.35+0.51} \tag{3-8}$$

其中 $L$ 是隐含层的神经元数，$m$、$n$ 分别是输入层和输出层神经元数目。经计算，隐含层的神经元数目为 3。根据试验结果，我们最终确定学习速度为 0.05，设定每 1000 轮回显示一次结果，最大训练轮回次数为 50000。接下来开始模型的训练和原始数据的仿真。

我们将近几年的安徽省 GDP 增长率代入训练好的 BP 神经网络模型中，预测出 2019 年的安徽省 GDP 增长率约为 7.8%，并由此得到 2019 年安徽省 GDP 总量约为 32347.35 亿元。

（三）基于 GM（1，1）模型的灰色预测

灰色预测法是一种对含有不确定因素的系统进行预测的方法。灰色预测通过鉴别系统因素之间发展趋势的相异程度，即关联性分析，并对原始数据进行生成处理来寻找系统变动的规律，生成有较强规律性的数据序列，然后建立相应的微分方程模型，从而预测事物未来的发展趋势。目前使用较为广泛的是关于数列预测的一个变量、一阶微分的 GM（1，1）模型。GM（1，1）模型所需要的数据量比较少，且预测结果较为准确。

我们利用安徽省近几年的 GDP 增长率数据，对 2019 年安徽省 GDP 增长率进行灰色预测。我们首先对数据进行了级比检验，发现所

有的级比都落在可容覆盖内，则原始序列 $X^{(0)}$ 可以作为模型 GM(1，1)的数据进行灰色预测。预测模型如下：

$$\hat{X}^{(1)}\ (k+1)\ =\left[X^{(0)}\ (1)\ -\frac{\mu}{a}\right]e^{-ak}+\frac{\mu}{a} \tag{3-9}$$

经过计算，发展灰数 $a=0.0869$，内生控制灰数 $\mu=14.8089$，故此预测模型具体为：

$$\hat{X}^{(1)}(k+1)=-155.813e^{-0.0869k}+170.4131 \tag{3-10}$$

将数据带入上述模型进行运算，经过累减还原可预测出 2019 年我省 GDP 增长率约为 7.9%，并由此得到 2019 年安徽省 GDP 总量约为 32377.36 亿元。

（四）组合预测

单独的一项预测只能重点从某一个方面反映数据的信息，可能存在信息利用不全面的情况。而组合预测把若干种预测方法赋予不同的权重，从而形成综合的预测模型，它可以有效地避免信息利用不全面这种情况的发生，所以本书将利用上述 ARMA 预测模型、BP 神经网络预测模型、灰色预测模型进行组合预测。很多的理论研究和实际应用表明：组合预测模型比单个预测模型具有更高的预测精度，能增强预测的稳定性，具有较高的适应未来环境变化的能力（表 3-3）。

**表 3-3　经济增长率预测结果**

| 预测方法 | ARMA 模型预测 | BP 神经网络模型预测 | 灰色预测 | 组合预测 |
|---|---|---|---|---|
| 经济增长率 | 8.2% | 7.8% | 7.9% | 8% |

对上述模型进行赋权，计算出组合预测的结果，即 2019 年我省 GDP 增长率大约为 8%，进一步得到 2019 年安徽生产总值约为 32407.37 亿元。同理，预测出 2019 年安徽人均 GDP 约为 51810.34 元，比 2018 年增加 4098 元左右。

## 三、安徽进出口指标预测

2018 年，经济形势回稳向好，为安徽外贸增长提供了良好的环境，实现进出口总额 629.7 亿美元，再创历史新高，同比增长 16.6%。其中，出口 362.1 亿美元，增长 18.3%；进口 267.6 亿美元，增长 14.3%（图 3－5）。从出口经营主体看，生产型企业出口增长 20.1%，贸易型企业出口下降 1.2%。从出口商品看，机电产品、高新技术产品出口分别增长 23%和 31.1%。

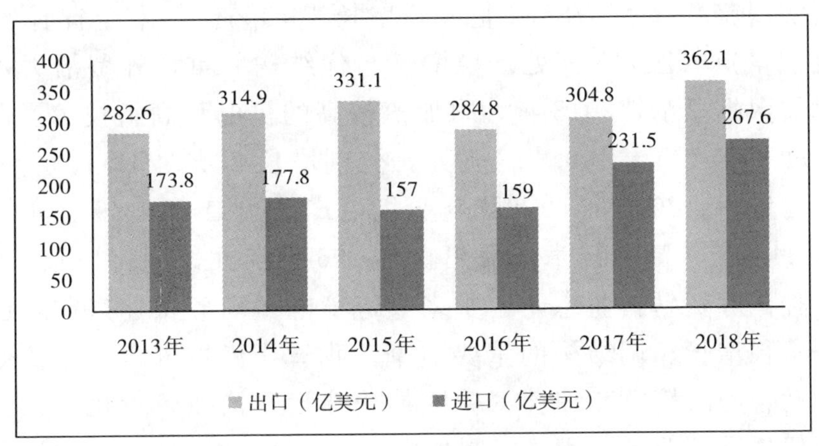


图 3－5　2013—2018 年安徽省进出口总额

观察此图，我们可以发现 2013—2018 年安徽省的进出口总额波动不大，但 2016 年下降幅度较大，从进口总额来看，2015 年下降到最低值，但之后快速上升，尤其是 2017 年，增幅最大，2018 年增幅又达到了稳定状态；从出口总额来看，自 2016 年以来，我省出口总额不断增加，但增幅比较稳定。

影响我省进出口总额的主要行业有以下几种：一是省外投资项目。我省亿元以上在建的省外投资项目 5499 个，当年实际到位资金 11942 亿元，比上年增长 9%。全年新备案外商投资项目 379 个，增长 12.1%；合同利用外资 60.8 亿美元，下降 3.3%；实际利用外商直接投资 170 亿美元，增长 7%。到 2018 年末，来皖投资的境外世界 500 强企业增加到 84 家，其中当年新引进 4 家。二是对外承包工程。全年对外承包工程新签合同金额 50.5 亿美元，比上年下降 3.8%；完成营业额 30.1 亿美元，下降 13.4%；当年外派劳务人员 9539 人，下降 18.1%。全年新批境外企业（机构）99 个，实际对外投资 14.5 亿美元，增长56%，其中对“一带一路”沿线国家和地区投资1.9亿美元，增长1.1倍。三是旅游业。全年入境旅游人数607万人次，比上年增长10.5%。国内游客7.21亿人次，增长15.2%。旅游总收入7241亿元，增长16.8%。其中，旅游外汇收入31.9亿美元，增长10.7%；国内旅游收入7030亿元，增长17.1%。皖南国际旅游文化示范区实现旅游收入3785.2亿元，增长16.4%。年末全省有A级及以上旅游景点（区）600处。稳增长与优结构并重，外贸活力不断增强。海关数据显示，2018年，附加值较高的机电和高新技术产品分别出口209.7亿美元、100.4亿美元，分别增长23%、31.1%，成为皖货出海的主力。2018年，市属企业机电产品出口126.49亿美元、同比增长34.4%，高新技术产品出口78.96亿美元、同比增长43.4%。作为一种国际贸易新业态，近年来，跨境电子商务快速兴起，已成为当前外贸稳增长、调结构的重要引擎。我省积极推进跨境电商健康发展，推动合肥跨境电商综合试验区加快建设，抢抓政策机遇，开展跨境电商保税进口业务，积极复制推广13个跨境电商综合试验区的成熟经验和做法。据不完全统计，全年跨境电商交易额6.4亿美元，同比增长52.4%。外贸扩规模、提质量，需要培育并壮大一批高能级、有活力、多元化的进出口企业。2017年以来，我省深入实施主体培育壮大工程，新增进出口实绩企业1889家，目前共有进出口实绩企业7611家，户均进出口额827.4万美元，同比增长9%。其中，过亿美元企业的进出口总额占全省的60.6%。

同时，全省进出口总额在2017年突破500亿美元的基础上，又跨上600亿美元台阶，达到629.7亿美元、增长16.6%，增幅高于全国4个百分点，总量在全国上升1位；全省实际使用外商直接投资170亿美元、增长7%（FDI达到13.6亿美元，实现正增长）；实际对外投资14.5亿美元、增长56%，“三外一内”经济总量均创历史新高。自2018年以来，面对错综复杂的国内外环境，各地各部门认真贯彻党中央、国务院的决策部署，多措并举、积极应变，较好地应对了一系列风险挑战，保持了经济平稳增长，提高了发展质量和效益，增进了人民福祉。

下面我们将分别从进口总额、出口总额和进出口总额三个方面来对安徽省的进出口情况进行预测分析。

（一）进口总额

由于进口总额是明显的时间序列数据，我们拟采用经典的 ARMA 模型对原始数据进行拟合，并对 2019 年的安徽省进口总额进行预测。我们发现此序列是逐年递增的，因此可以判断这是非平稳序列，故必须采用差分的方法将序列变为平稳序列，才能使用 ARMA 模型进行拟合。

将原始序列$\{X_t\}$进行二阶差分后，对差分后序列进行 ADF 单位根检验，见表 3－4 所列。

**表 3－4　二阶差分后序列的 ADF 检验结果**

| 检验类型 | 显著性水平 | ADF 检验值 | 临界值 | 结论 |
|---|---|---|---|---|
| 回归方程包含常数项 | 1% | －8.0246 | －3.8085 | 平稳 |
| | 5% | －8.0246 | －3.0207 | 平稳 |
| | 10% | －8.0246 | －2.6504 | 平稳 |

观察序列的自相关系数和偏自相关系数图，我们发现自相关系数显然是一阶截尾的，而偏自相关系数大致是四阶截尾的，所以初步确定参数为：$p=1\sim4$，$q=1$。再比较各模型的 $AIC$ 值和 $SC$ 值，最后确定模型为 ARMA（3，1）。使用最小二乘法估计模型的参数，得到了具体的拟合模型，模型如下：

$$\begin{cases}(1-B)^2X_t=0.5695\ (1-B)^2X_{t-3}+\varepsilon_t-0.9033\varepsilon_{t-1}\\ \varepsilon_t\sim WN(0,\ \sigma_\varepsilon^2)\end{cases} \tag{3-11}$$

然后我们对参数的显著性和模型的优劣程度进行检验，见表 3－5 所列。

**表 3－5　模型的拟合效果和参数的检验结果**

| 模型 | 模型参数 | $t$ 统计量 | $P$ 值 | 可决系数 | AIC 值 | DW 值 |
|---|---|---|---|---|---|---|
| ARMA（3，1） | 0.569848<br>－0.903332 | 2.3277<br>－17.2968 | 0.0311<br>0.0000 | 0.6853 | 26.94 | 2.60 |

根据表 3-5 的结果，我们可以看到两个 $t$ 统计量的 $P$ 值均显著地小于 0.05，即参数显著不为零，参数估计是有效的。可决系数为 0.6853，说明此模型的整体拟合效果较好。此模型的 DW 检验值为 2.6，接近于 2，代表残差序列不存在自相关关系，模型拟合良好。据此，我们可以认为此 ARMA（3，1）模型通过了检验，且拟合效果良好，如图 3-6 所示。

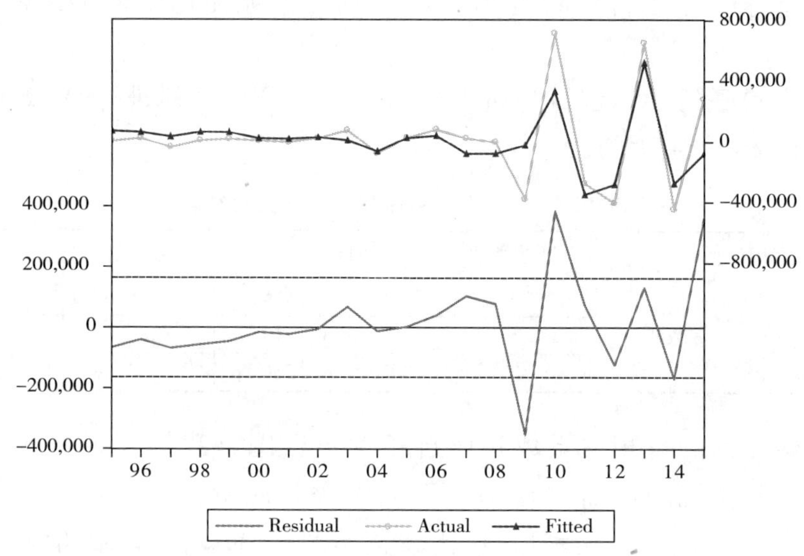


图 3-6 安徽省进口总额二次差分后的真实值与拟合值

根据上述模型，我们经过计算和还原，预测出 2019 年安徽省进口总额大约为 314.4 亿美元，与 2018 年相比增长 17.5%。

为了使预测模型更加准确，我们再采用灰色预测法对进口总额进行补充预测，然后取两者平均值作为最终的预测结果。我们首先对数据进行级比检验，发现所有的级比都落在可容覆盖内，则原始序列 $X^{(0)}$ 可以作为模型 GM（1，1）的数据进行灰色预测。经过计算，发展灰数 $a=-0.0988$，内生控制灰数 $\mu=1482200$，故此预测模型为：

$$\hat{X}^{(1)}(k+1)=16255628e^{0.0988k}-15002024 \tag{3-12}$$

将数据带入上述灰色预测模型进行计算，预测出 2019 年安徽省进口总额大约为 305.3 亿美元。综合上述两个模型，对二者赋予权重，我们得到最终的预测结果，即 2019 年安徽省进口总额约为 309.9 亿美元，与上年相比约增长 15.8%。

（二）出口总额

自 2008 年金融危机以来，全球经济持续六年增长乏力。2015 年，美国升息、俄罗斯经济动荡、欧洲货币政策、日本经济政策、新兴经济体结构性改革与创新等影响因素增多，在诸多因素的影响下，中国经济走向新常态。目前，中国经济处于经济增速的换挡期、结构调整的阵痛期、前期刺激政策的消化期，加之世界经济还处在深度调整期，这些因素增强了全球经济复苏的不确定性。在全球经济缓慢复苏的背景下，中国经济增长正在由高速阶段向中高速阶段转换。

中国经济新常态可以从出口和其他变量之间的关系上体现出来。比如出口增长速度对于经济下行所带来的压力，把工业增加值增长速度和出口的增长速度比较，我们发现二者之间还是有一定的相关性。随着中国经济扩大内需取得实际进展，外需的依存度有所降低。比如工业销售产值中的出口交货值比重在 12%～13%之间，比两三年前的 16%、18%有所降低，这是结构调整取得进展的表现。即便如此，出口交货值或者说出口增速放缓对经济下行压力带来的直接影响促使工业增长放缓，并导致 GDP 增长放缓。出口增长放缓有其内在原因，特别是我国加大转型力度，这可能是解决目前困境的一个重要途径，目前宏观调控必须通过精准调控的方式来减缓经济下行的压力，通过体制创新来促进经济增长。所以，出口转型是促进外贸稳定增长的一个重要政策取向。

在这种背景下，我省今年的出口也在发生一些结构性的变化，即实现了出口商品的结构优化，高附加值产品出口占比提升。在液晶显示板出口迅猛增长（12.1 亿美元、增长 94.5%）的带动下，全省高新技术产品出口 52.1 亿美元，同比增长 7.6%，占全省出口的 21%，同比提高 2.2 个百分点；机电产品出口 123.9 亿美元，同比增长 1.1%，占全省出口的 53.6%，同比提高 2.7 个百分点。出口总额时间序列与进口总额时间序列的走势十分相似，因此我们拟采用与进口数据预测同样的方法和模型，预测出 2019 年安徽省出口总额约为 411 亿美元，与 2018 年相比约增长 13.5%。

### （三）进出口总额

在上文中，我们预测出了 2019 年安徽省的进口总额和出口总额，将两者加总起来，就可以得到 2019 年的安徽省进出口总额，大约为 720.9 亿美元，与 2018 年相比约增长 14.49%。由于当前的国内外经济形势比较复杂，安徽省对外贸易的发展面临的不确定因素依然很多。今年以来，世界经济复苏缓慢，市场需求不足；低成本比较优势不断削弱，劳动密集型产品出口增速放缓；国际市场大宗商品价格快速下滑，骨干进口企业的支撑作用减弱。这些不利因素有可能导致 2019 年我省对外贸易增速继续下滑。为此，下一阶段要全面落实国务院和省政府先后出台的政策措施，做好政策宣传，确保政策落地生根；同时要突出重点企业、重点项目，强化分类指导；切实提高对发展服务贸易和电子商务重要性的认识，立足蜀山新产业园和合肥空港经济示范区的发展，加快发展跨境电子商务；用足用活出口加工区、综合保税区政策优势，使其成为外贸发展的新动力；同时，要加强部门间的协调配合，密切银贸、税贸、汇贸、财贸和关贸关系，着力营造良好的环境，不断提高投资贸易的便利化水平。

## 四、安徽社会消费品零售总额分析和预测

2018 年安徽省社会消费品零售总额首次跨上 1.2 万亿元台阶，达到 12100.1 亿元、增长 11.6%，增速居全国第 2 位、中部第 1 位，总量排名在全国上升 1 位。全省新增进出口实绩企业 1889 家。全省过亿美元企业的数量达 80 家，过 10 亿美元企业的数量为 7 家。2018 年全省机电、高新技术产品分别出口 209.7 亿美元、100.4 亿美元，分别增长 23%、31.1%，增幅均高于全省平均水平。

近年来，伴随着城乡居民收入的稳步提升，安徽省居民消费保持快速平稳增长的态势。安徽省人民政府着力打造皖江城市带承接产业转移示范区、合肥都市圈，出台了加快皖北地区发展的诸多支持政策，全面推动区域协调发展。安徽省消费品市场呈现各区域齐头并进的良好发展态势，各地市社会消费品零售总额绝对数和增长率都呈现了稳

定的增长趋势。据统计，2018年，安徽省786家限额以上批发零售企业开展网络零售业务，比上年增加217家，全年实现网上零售额492.2亿元，增长36.1%，网上零售额占限额以上消费品零售额的比重由上年的5.6%提高至9%。统计表明，网上零售额大幅增长。2018年全省网上零售额为1774.9亿元，总量居全国第十位。首次将农村电商全覆盖纳入民生工程。全省农村产品网络销售额超过400亿元、增长50%以上，培训农村群众25万人次，培育农村电商经营主体8600多个。已建成省级电商统计监测系统，监测国内27个主流电商平台，收集全省粮油、服装鞋帽等27个品类的网上交易数据。

消费规模的扩张得益于消费促进工作的推动和流通体系的完善。我省积极实施扩消费专项行动，大力培育限额以上商贸流通企业，新增企业数量超过1000家；深入推进“双百”“五进”和“消费促进月”活动以及网购促销活动，通过线下专场对接、线上导入电商平台营销，不断促进中高端商品消费。同时，深入推进跨区域农产品流通骨干网项目建设，实施了商贸物流标准化行动计划，合肥、芜湖、马鞍山基本完成试点任务，试点企业标准托盘使用率达到90%，车辆周转效率提高50%以上，货损率下降40%，极大地降低了流通企业的物流成本。

按经营单位所在地划分，城镇零售额为9731.8亿元，增长11.3%；乡村零售额为2368.2亿元，增长12.9%。按消费类型划分，餐饮收入1322亿元，增长11.8%；商品零售10778.1亿元，增长11.5%。限额以上单位商品零售额中，电子出版物及音像制品类增长27.1%，化妆品类增长21.8%，体育、娱乐用品类增长22.3%，石油及制品类增长17.5%，中西药类增长13.4%，家用电器和音像器材类增长12.5%，汽车类增长5.9%；网上商品零售额为492.2亿元，增长36.1%，占限额以上消费品零售额的比重由上年的5.6%提高到9%。从各市来看，合肥以2976.7亿元排在第一位，同比增长9.1%。从增速来看，安庆市以同比增长15.2%位居第一；其次是蚌埠市，同比增长14.3%。

下面我们将利用安徽省1990—2018年的社会消费品零售总额数

据，运用BP神经网络模型和多项式曲线拟合模型来预测2019年安徽省社会消费品零售总额。

## （一）BP神经网络模型预测

首先，我们将原始数据（即1990—2018年安徽省社会消费品零售总额）进行归一化处理，使所有数据都处在（－1，1）区间内，然后建立BP神经网络模型，并且使用梯度下降法对模型进行训练。根据试验结果，我们设定学习速度为0.05，每1000轮回显示一次结果，最大训练轮回次数为50000。待模型训练完毕，我们利用以上数据进行仿真，并将结果还原到原来的数量级，见表3－6所列。

表3－6 1992—2018年安徽省社会消费品零售总额实际值与仿真值（亿元）

| 年份 | 1992 | 1993 | 1994 | 1995 | 1996 | 1997 | 1998 | 1999 | 2000 |
|---|---|---|---|---|---|---|---|---|---|
| 实际值 | 285 | 335.7 | 453.2 | 586.5 | 727.1 | 859.8 | 924.8 | 979.1 | 1054.3 |
| 仿真值 | 407.7 | 450.9 | 497.9 | 549.7 | 607.6 | 673.5 | 749.4 | 838.1 | 942.6 |
| 年份 | 2001 | 2002 | 2003 | 2004 | 2005 | 2006 | 2007 | 2008 | 2009 |
| 实际值 | 1142.8 | 1212.4 | 1331.2 | 1503.1 | 1776.7 | 2056.5 | 2451.9 | 3045.2 | 3527.8 |
| 仿真值 | 1067 | 1216.1 | 1395.4 | 1611.8 | 1872.7 | 2186.9 | 2563.3 | 3010.9 | 3537.5 |
| 年份 | 2010 | 2011 | 2012 | 2013 | 2014 | 2015 | 2016 | 2017 | 2018 |
| 实际值 | 4151.5 | 4955.14 | 5736.6 | 6542.4 | 7320.8 | 8222.9 | 10000 | 11193 | 12100 |
| 仿真值 | 4148.9 | 4846.4 | 5626.1 | 6476.8 | 7380.5 | 8312.5 | 10083 | 11764 | 12935 |

根据上表和上图，我们可以观察到仿真的效果非常好，几乎等同于原时间序列。我们把近几年的安徽省社会消费品零售总额数据代入到训练好的BP神经网络模型中，预测出2019年安徽省社会消费品零售总额约为12862.056亿元，比2018年增长11.43％。

## （二）趋势外推法预测

当预测对象依时间变化呈现某种上升或下降的趋势，并且无明显的季节波动，又能找到一条合适的函数曲线来反映这种变化趋势时，就可用时间$t$为自变量，时序数值$y$为因变量，建立趋势模型，当这种趋势延伸到未来时，赋予变量$t$所需要的值，就可以得到相应时刻的时间序列预测值。这就是趋势外推法。趋势外推法的实质就是利用某种函数分析并描述预测对象某一参数的发展趋势，它的主要优点是可以揭示事物未来的发展趋势，并定量地估计其功能特性。最为常用的有四种趋势预测模型，如下：

（1）多项式曲线趋势外推法：$y_t=b_0+b_1t+b_2t^2+\cdots+b_kt^k$；

（2）指数曲线趋势外推法：$y_t=ae^{bt}(a>0)$；

（3）对数曲线预测模型：$y_t=a+b\ln t$；

（4）生长曲线预测模型：$y_t=\dfrac{L}{1+ae^{-bt}}$或 $y_t=ka^{b^t}$

1992—2018 年安徽省社会消费品零售总额，如图 3-7 所示。

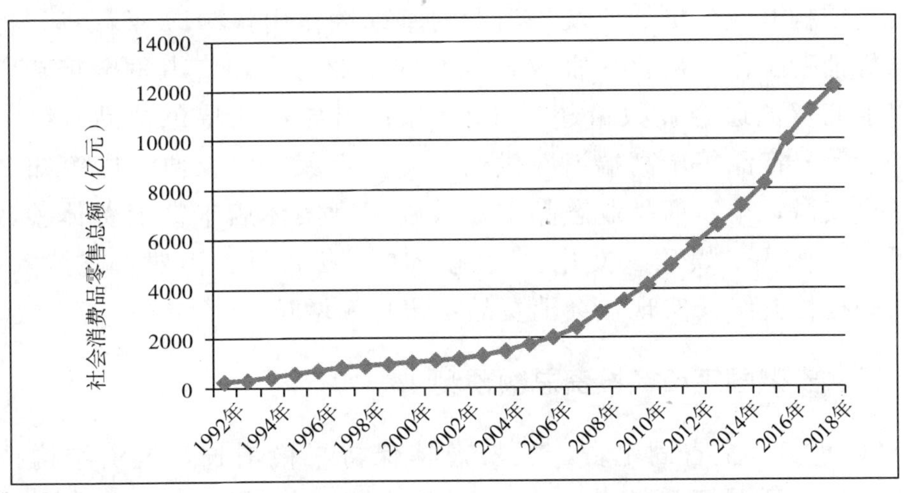


图 3-7　1992—2018 年安徽省社会消费品零售总额

我们发现曲线的增长趋势接近于指数函数，故我们采用指数曲线来拟合原时间序列，拟合方程如下：

$$y=215.87e^{0.14(t-1990)}\ R^2=0.9856 \tag{3-13}$$

可决系数为 0.9856，说明拟合效果非常好，基本能够反映原数据的趋势走向。于是，我们利用以上方程，预测出 2019 年安徽省社会消费品零售总额约为 13007 亿元，与上年相比约增长 12.03%。

综合以上两个模型，我们对其赋权得出最终的预测结果，即 2019 年安徽省社会消费品零售总额约为 12934.53 亿元，与 2018 年相比增长 11.63%。2019 年中国经济发展依然会面临世界经济复苏乏力、国内经济下行压力较大等问题，给就业或收入分配带来一些影响。故 2019 年我省应当做到以下几点：一是改革收入分配制度，有效增加居民的收入水平，完善社会保障体系，消除居民后顾之忧，提升居民的消费意愿和能力；二是建立新的消费模式，鼓励商贸企业改变经营理念，创新服务产品，促进线上、线下融合发展，着力引导和鼓励居民消费；三要加快流通体制改革，鼓励更多的现代流通业态和经营方式向农村市场发展，加快释放农村居民的消费潜力；四要适时出台鼓励消费政策，有序培养消费热点，针对不同的消费群体，分层次加快居民消费结构升级，更好地发挥消费的基础性作用。2019 年，我省将继续做好消费工作，孵化一批成长性好的新业态企业，力争全年新增限额以上商贸流通企业数量超过 1000 家；引导增加特色精品、绿色商品、老字号产品等中高端消费供给，支持宜家、罗森便利店等知名企业落户安徽，丰富商品业态品类；鼓励大型实体店丰富消费体验，增加餐饮、休闲、娱乐、文化等设施；加快发展服务消费，支持家政、餐饮等提档升级，实现社会消费品零售总额增长 12%左右。

## 五、安徽固定资产投资总额预测

2018 年，全省固定资产投资总体保持平稳增长，投资结构持续优化，投资质量不断提高，但发展动力仍待增强。全年固定资产投资按可比口径计算比上年增长 11.8%，增速居全国第 2 位，比上年前移 9 位。其中，工业技术改造投资增长 34.6%，基础设施投资增长 7%，民间投资增长 18.5%。分区域来看，皖江示范区投资增长 10.2%，皖北六市投资增长 14.4%。分产业来看，第一产业投资增长 33%，第二产业投资增长 24.6%，第三产业投资增长 5.6%。分行业看，工业投资增长 24.8%，其中制造业投资增长 33.3%；制造业中装备制造业投资增长 29.4%。六大高耗能行业投资增长 0.5%。前三季度，全省固定资产投资增长 11.9%，同比加快 1.9 个百分点，比全国高 6.5 个百分点，居全国第 3、中部第 1 位。分产业来看，第一产业投资增长 19.4%，第二产业投资增长 16.2%，第三产业投资增长 9.1%。工业投资增长 16.3%，其中制造业投资增长 21.9%。民间投资增长 18.7%。

图 3-8 是 2016 年以来安徽省和全国固定资产投资总额累计增长率月度数据。从图中可以看出，安徽省和全国的固定资产投资总额月累计增长率的变化趋势在 2017 年 7 月之前基本相同。观察两条折线可以发现，安徽省的增长率始终略高于全国水平，这一差距在 2017 年 7 月以后越来越大。

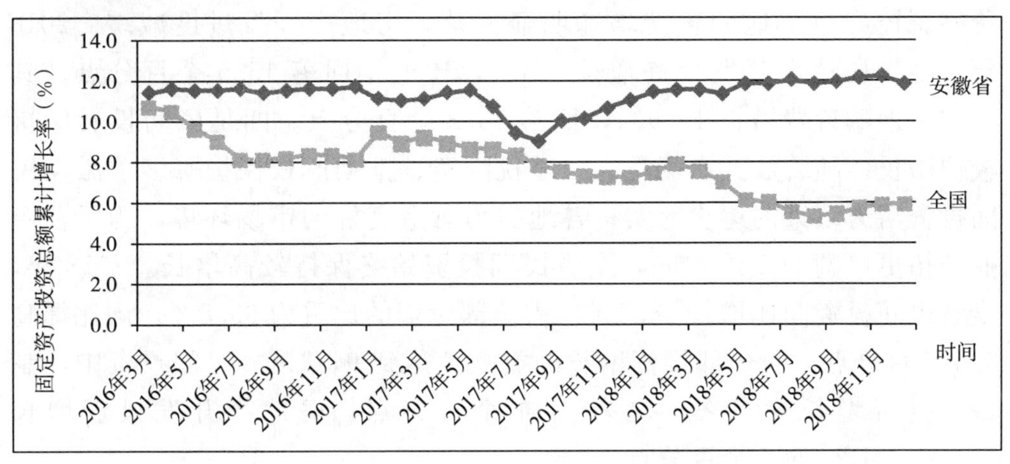


图 3-8　2016 年以来安徽省和全国固定资产投资总额累计增长率月度数据

2018 年，我省固定资产投资情况呈现出四大特点。一是制造业成为拉动投资增长的重要动力。2018 年以来，国家出台多项减税降费措施，如下调增值税率、小微企业贷款利息收入免征增值税、扩大小微企业所得税的优惠范围等，有效降低企业负担。我省紧紧围绕高端制造、智能制造、绿色制造、精品制造、服务型制造“五大制造”方向，大力推动传统制造业转型升级。2018 年，全省工业投资仍保持较快增长态势，同比增长 24.8%，其中，制造业投资增长 33.3%，比上年高 21.8 个百分点，对投资增长的贡献率为 67.8%。传统制造业转型升级加快，如纺织业投资增长 84.9%，家具制造业投资增长 76%，木材加工和木竹藤棕草制品业投资增长 70%，石油煤炭及其他燃料加工业投资增长 65.8%。创新驱动成为制造业投资增速回暖的最大动力。制造业中，技术改造投资增长36%，增速比全部制造业投资高2.7个百分点。二是基础设施投资增速继续回落。受防范金融风险、规范地方举债融资等影响，一些基础设施项目贷款受限，受此影响，2018年全省基础设施投资增长7%，基础设施中的两大重点行业，如道路运输业投资增长2.6%，同比回落16.1个百分点；公共设施管理业投资增长10.9%，回落9.4个百分点；互联网和相关服务业投资下降29%，回落38.6个百分点。三是房地产投资增速回落较多。随着中央重申"坚决遏制房价上涨"，房地产市场价格调控导致土地购置费增速明显回落，房地产开发进度减缓。2018年，全省房地产开发投资增长6.4%，比上年回落15.5个百分点。其中，土地购置费增长49.9%，回落30.2个百分点。四是民间投资保持较快增长。随着放开市场准入、减税降费、推动产权保护等多项激发民间投资活力政策的逐步落实，各地努力营造良好的市场环境，为民营企业开拓更广阔的发展空间，全省民间投资始终保持较高增长。2018年，全省民间投资同比增长18.5%；占全部投资的比重为63.8%，同比提高3.6个百分点；对全部投资增长的贡献率达到94.2%。民间投资中，制造业投资增长42.9%，提高31.4个百分点；房地产开发投资增长6.4%，回落15.5个百分点。

近几年，安徽省各市积极招商引资，大力开展各项经济建设项目的投融资活动，各市固定资产投资均呈现增长态势。但是受到近两年来国际国内经济下行压力的影响以及房地产行业的萧条所带来的不利因素干扰，投资增长幅度渐渐缩小。2010年1月12日，国务院正式批复《皖江城市带承接产业转移示范区规划》，皖江城市带承接产业转移示范区建设纳入国家发展战略，自此，皖江地区八市的经济发展开创了新局面。

皖北六市也在发挥着各自优势。总体来看，皖北地区的固定资产投资总额占全省的比重不足三成，近几年呈现出先升后降的趋势。2010年，安徽省委、省政府审时度势，出台了扶持皖北发展的新10条政策，提出了财政扶持、干部激励、土地保障等方面的具体措施，特别是在基础设施建设、园区共建、重大项目布局、特色产业发展等方面进一步加大支持力度，推动皖北走上内生发展的良性轨道。于是，皖北地区的固定资产投资总额占全省的比重由 2010 年的 19.62%上升至 2011 年的 23.23%，并且呈现上升态势。2014 年以后，比重开始逐渐下滑。

图 3－9 是安徽省固定资产投资总额累计增长率月度数据。从图3－9 可以看出，我省固定资产投资总额累计增长率一直保持比较平稳的状态，在 2017 年 8 月有较大的下降，之后稳定上升，预计 2019 年我省固定资产投资总额累计增长率将达到 12%左右。

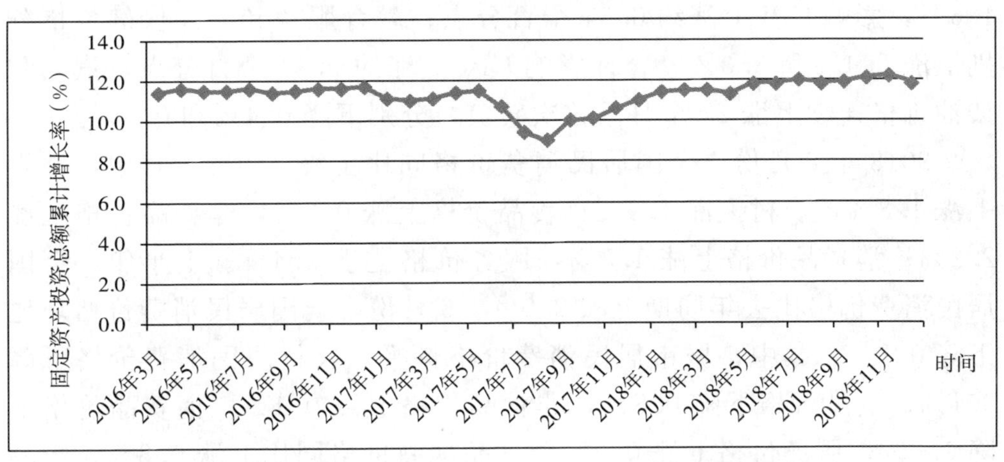


图 3－9　安徽省固定资产投资总额累计增长率月度数据

## 六、2019 年安徽居民消费价格指数预测

2018 年 12 月份，安徽 CPI 同比上涨 2.0%，涨幅比上月缩小 0.3 个百分点，环比下降 0.1%。据统计，2018 年 CPI 累计上涨 2.0%。

从环比看，食品烟酒类价格上涨 0.5%，影响 CPI 上涨约 0.16 个百分点。由于气温持续降低，地产菜上市量减少，雨雪天气使得长途调运成本增加，鲜菜价格上涨 6.1%，影响 CPI 上涨约 0.14 个百分点，占食品价格上涨影响程度的近九成。猪肉价格则继续下降，鲜瓜果价格下降 3.7%，二者合计影响 CPI 下降约 0.1 个百分点。非食品烟酒价格下降 0.3%，七大类非食品价格一涨三降三平。其中，汽油和柴油价格再次下调，月环比分别下降 9.9%、10.8%，合计影响 CPI

下降约 0.21 个百分点。

同比来看，食品烟酒价格上涨 2.9%，涨幅比上月收窄 0.1 个百分点，影响 CPI 上涨约 0.89 个百分点。其中，鲜果、鲜菜、蛋类价格分别上涨 21.9%、4.9%、2.6%，合计影响 CPI 上涨约 0.46 个百分点；猪肉价格下降 2.5%，影响 CPI 下降 0.07 个百分点。牛肉、羊肉和禽肉价格分别上涨 12.8%、15.6%和 6.2%，三项合计影响 CPI 上涨 0.17 个百分点。非食品烟酒价格上涨 1.5%，涨幅比上月收窄 0.5 个百分点，影响 CPI 上涨约 1.07 个百分点。其中，居住价格上涨 1.6%，影响 CPI 上涨约 0.34 个百分点；教育服务和医疗保健价格分别上涨 2.4%和 3.0%，合计影响 CPI 上涨约 0.54 个百分点；汽油和柴油价格连续上涨 27 个月后首次转负，分别下降 0.4%和 0.3%。

2018 年 6 月份，全国居民消费价格同比上涨 1.9%。其中，城市上涨 1.8%，农村上涨 1.9%；食品价格上涨 0.3%，非食品价格上涨 2.2%；消费品价格上涨 1.5%，服务价格上涨 2.4%。上半年，全国居民消费价格比去年同期上涨 2.0%。6 月份，全国居民消费价格环比下降 0.1%。其中，城市居民消费价格持平，农村居民消费价格下降 0.1%；食品价格下降 0.8%，非食品价格上涨 0.1%；消费品价格下降 0.2%，服务价格上涨 0.2%。食品烟酒价格同比上涨 0.8%，影响居民消费价格指数（CPI）上涨约 0.25 个百分点。其中，蛋类价格上涨 15.1%，影响 CPI 上涨约 0.08 个百分点；鲜菜价格上涨 9.3%，影响 CPI 上涨约 0.20 个百分点；禽肉类价格上涨 6.7%，影响 CPI 上涨约 0.08 个百分点；畜肉类价格下降 6.8%，影响 CPI 下降约 0.31 个百分点（猪肉价格下降 12.8%，影响 CPI 下降约 0.32 个百分点）；鲜果价格下降 5.3%，影响 CPI 下降约 0.10 个百分点。其他七大类价格同比均上涨。其中，医疗保健、交通和通信、居住价格分别上涨 5.0%、2.4%和 2.3%，教育文化和娱乐、生活用品及服务价格分别上涨 1.8%和 1.5%，衣着、其他用品和服务价格分别上涨 1.1%和 0.9%。食品烟酒价格环比下降 0.5%，影响 CPI 下降约 0.15 个百分点。其中，鲜果价格下降 6.7%，影响 CPI 下降约 0.12 个百分点；鲜菜价格下降 1.8%，影响 CPI 下降约 0.04 个百分点；水产品价格下降

0.8%，影响 CPI 下降约 0.02 个百分点；畜肉类价格上涨 0.5%，影响 CPI 上涨约 0.02 个百分点。其他七大类价格环比五涨一降一平。其中，交通和通信、生活用品及服务价格分别上涨 0.3%和 0.1%，居住、教育文化和娱乐、医疗保健价格均上涨 0.2%，衣着价格下降 0.2%，其他用品和服务价格持平。

2018 年 12 月份，全国居民消费价格指数（CPI）同比上涨 1.9%，涨幅比上月回落 0.3 个百分点；2018 年全年，全国居民消费价格指数同比上涨 2.1%。2 月份，构成 CPI 的八大类商品和服务价格同比七涨一降。12 月份，食品烟酒价格同比上涨 2.4%，影响 CPI 上涨约 0.72 个百分点。其中，鲜果价格同比上涨 9.4%，禽肉类价格上涨 5.4%，鲜菜价格上涨 4.2%，畜肉类价格上涨 0.8%，鸡蛋价格下降 1.4%。其他七大类价格同比六涨一降。其中，医疗保健、教育文化和娱乐、居住价格分别上涨 2.5%、2.3%和 2.2%，其他用品和服务、衣着、生活用品及服务价格分别上涨 1.6%、1.5%和 1.4%；交通和通信价格下降 0.7%。2018 年 12 月份，全国工业生产者出厂价格同比上涨 0.9%；全年工业生产者出厂价格比上年上涨 3.5%。

为了便于比较全国和安徽省的居民消费价格指数走势，我们绘制出对比折线图，如图 3-10 所示。

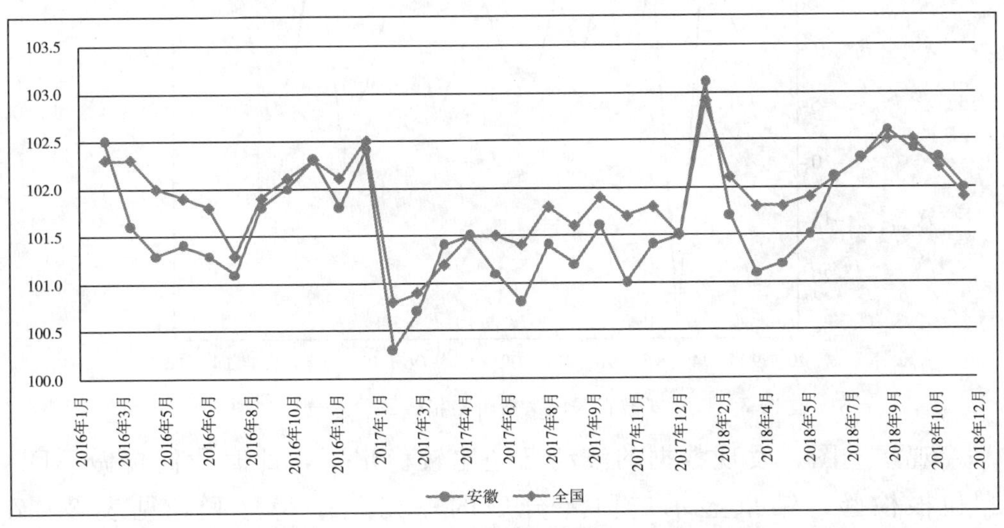


图 3-10　2016—2018 年全国和安徽省的居民消费价格指数

全国和安徽省的居民消费价格指数的变化趋势基本相同，从 2018 年 9 月至今逐步缓慢下降。总体来说，安徽省通货膨胀率近两年来与全国的通货膨胀率走势相同，安徽省零售物品的价格低于全国平均水平，这将扩大安徽省居民的消费量，有利于安徽省的经济发展。从物价形势来看，中国的物价呈现出比较明显的特征：2012 年以来 CPI 增速比较平滑，PPI 则呈现先升后降的过程。进入 2018 年，PPI、CPI 的剪刀差在持续缩小，意味着生产端的物价压力逐渐往需求端的物价方面转移。

下面我们将根据 1990—2018 年的安徽省居民消费价格指数，分别运用 ARMA 模型预测和灰色预测法对 2019 年的安徽省居民消费价格指数进行预测。

（一）居民消费价格指数的 ARMA 模型预测

我们先对原始数据进行 ADF 单位根检验，发现原序列并不平稳，对其进行二阶差分，如图 3-11 所示。

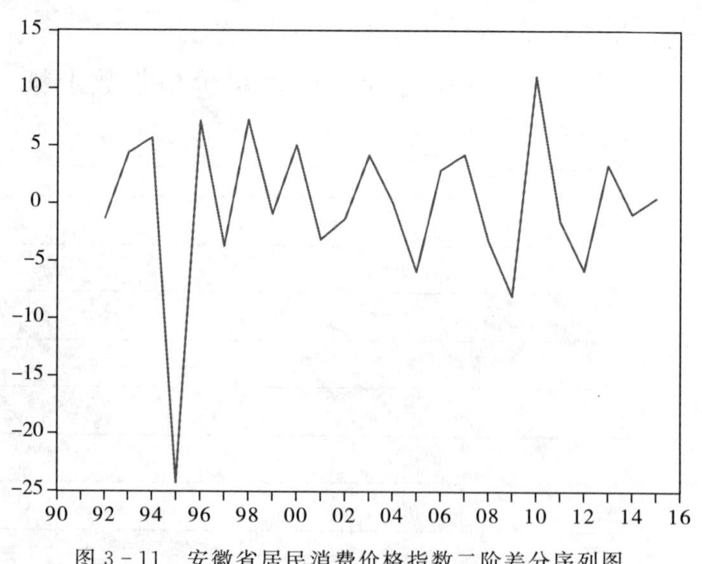


图 3-11　安徽省居民消费价格指数二阶差分序列图

观察上图，发现数据的波动已经比较稳定了，此时我们再做 ADF 单位根检验，结果显示二阶差分后的序列是平稳序列，见表 3-7 所列。

表 3－7　二阶差分后序列的 ADF 检验结果

| 检验类型 | 显著性水平 | ADF 检验值 | 临界值 | 结论 |
|---|---|---|---|---|
| 回归方程包含常数项 | 1% | －4.575219 | －3.788030 | 平稳 |
| | 5% | －4.575219 | －3.012363 | 平稳 |
| | 10% | －4.575219 | －2.646119 | 平稳 |

接下来我们建立 ARMA 模型。观察序列的自相关图和偏自相关图，我们发现自相关系数是 1 阶截尾的，而偏自相关系数是拖尾的，所以我们判断应当建立 MA（1）模型。模型如下：

$$\begin{cases}(1-B)^2X_t=\varepsilon_t-0.99723\varepsilon_{t-1}\\ \varepsilon_t\sim WN(0,\ \sigma_\varepsilon^2)\end{cases} \tag{3-14}$$

此模型 $t$ 统计量的 $P$ 值显著地小于 0.05，即参数显著不为零，参数估计是有效的。可决系数为 0.48，说明此模型的整体拟合效果比较好。此模型的 $DW$ 检验值为 1.93，非常接近 2，说明残差序列不存在自相关关系。据此，我们可以认为此 MA（1）模型通过了检验，且拟合效果良好，如图 3－12 所示。

根据上述模型，我们带入原始数据计算，并进行二阶差分还原，最终得出 2019 年的安徽省居民消费价格指数为 102.3%（上年＝100）。

（二）居民消费价格指数的灰色预测

灰色预测 GM（1，1）模型所需要的数据量比较少，并且近几年我国正处于经济转型期，故我们只选取 2014—2018 年的 CPI 数据对模型进行拟合。我们首先对原始数据进行了级比检验，发现所有级比都落在可容覆盖[0.9990，1.0323]之内，则原始序列 $X^{(0)}$ 可以作为模型 GM（1，1）的数据进行灰色预测。预测模型如下：

$$\hat{X}^{(1)}(k+1)=\left[X^{(0)}\ (1)\ -\frac{\mu}{a}\right]e^{-ak}+\frac{\mu}{a} \tag{3-15}$$

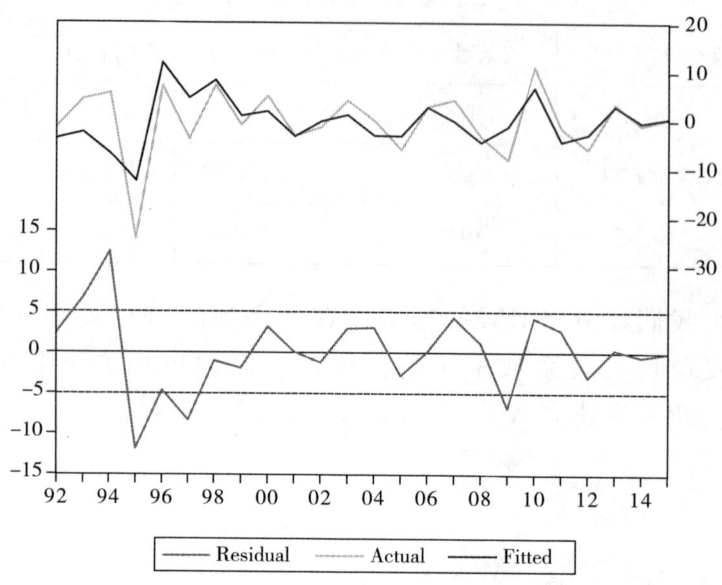


图 3-12 安徽省 CPI 二次差分后的真实值与拟合值

经过计算，发展灰数 $a=0.0037$，内生控制灰数 $\mu=103.0547$，故此预测模型具体为：

$$\hat{X}^{(1)}(k+1)=-27747\mathrm{e}^{-0.0037k}+27852.6 \tag{3-16}$$

2014—2018 年安徽省 CPI 实际值与拟合值的对比，见表 3-8 所列。将数据带入上述模型进行运算，经过累减还原可预测出 2019 年我省 CPI 为 102.7%（上年=100）。组合两种模型的估计结果，我们得到 2019 年安徽省居民消费价格指数为 102.5%。

**表 3-8 灰色预测原始数据的实际值与拟合值**

| 年份 | 2014 | 2015 | 2016 | 2017 | 2018 |
|---|---|---|---|---|---|
| CPI 实际值 | 101.6 | 101.3 | 101.8 | 101.2 | 102.1 |
| CPI 拟合值 | 101.7 | 101.3 | 102 | 101.1 | 102.3 |

总结上文，可得到 2019 年安徽省主要宏观经济指标的预测结果，见表 3-9 所列。

表 3-9　2019 年安徽省主要宏观经济指标的预测结果

| 指标名称 | 指标预测值 | 预计增长速度（%） |
| --- | --- | --- |
| 地区生产总值（亿元） | 32407.37 | 8.0 |
| 人均地区生产总值（元/人） | 51810.34 | 8.1 |
| 进出口总额（亿美元） | 720.9 | 14.49 |
| 社会消费品零售总额（亿元） | 12934.53 | 11.63 |
| 固定资产投资额（亿元） | 29969.07 | 12 |
| 居民消费价格指数（2018 年＝100） | 102.5 | 2.5 |

# 第四章 2018 年安徽各市经济发展比较分析

2018 年，面对复杂多变的外部环境和艰巨繁重的改革发展任务，全省人民在省委、省政府的坚强领导下，认真贯彻落实党中央、国务院各项决策部署，坚持稳中求进的工作总基调，按照高质量发展要求，持续深化供给侧结构性改革，全面实施五大发展行动计划，精准施策，攻坚克难，经济运行总体平稳，高质量发展取得重要进展。2018 年，合肥、芜湖的经济发展持续领先，是安徽经济最发达的核心地区，两座城市的 GDP 增速明显领先省内其他城市，全国排名也大幅上升，进一步确立了皖江城市带的优势地位。

## 一、2018 年安徽各市经济运行情况概述

### （一）2018 年安徽各市生产总值概况

2018 年，我省经济运行在合理区间，保持了平稳运行态势，主要指标增速全国靠前、中部领先、长三角领先，产业结构不断优化，发展质效不断提升，民生福祉不断增进，成绩来之不易。安徽省 GDP 阶段性地站上了 3 万亿元的新高度。但是结合全省多达 6254.8 万的人口体量，2018 年安徽省人均 GDP 仍不足 5 万元。在安徽省经济总量排名全国第 13 位的背后，是人均 GDP 长期位列全国 20 余位。初步核算，全年全省生产总值 30006.82 亿元，按可比价格计算，比上年增长 8.02%。其中，第一产业增加值 2638 亿元，增长 3.2%；第二产业增加值 13842.1 亿元，增长 8.5%；第三产业增加值 13526.7 亿元，增长 8.6%。一、二、三次产业比例为 8.8∶46.1∶45.1。从 16 市的 GDP 名义增速来看，滁州、安庆、马鞍山、阜阳和合肥增速位居全省前 5。皖江城市带的发展速度一贯领先，滁州以名义增速（12.3%）位居全省

第 1，安庆以名义增速（12.22%）位居全省第 2，马鞍山以名义增速（12.16%）位居全省第 3，阜阳以名义增速（11.99%）位居全省第 4。皖北地区经济增长仍略显落后，淮南、淮北名义增速位居倒数后两位。从省域城市阶梯的健康度而言，身处华东地区，长三角城市群腹地的安徽，甚至比不过中部地区的湖北、河南等省份。一是省份最强的城市级别较低（合肥为二线城市），二是省会之外再无三线以上城市。省内经济体量第二的芜湖，地理位置上又与既有区域中心城市合肥过近，且芜湖本身地处安徽地界边缘，又在南京都市圈的辐射范围内。相比尚有长江水道优势的皖南诸市，面积广阔的皖北地带，区域经济格局尚且处于“大锅饭”式的高度平均落后状态。这些仍旧处于城镇化初级阶段的区域，将成为未来安徽省经济发展和进一步融入长三角城市群的最大难题。事实上，2018 年安徽各地级市的经济增速成绩相比同期全国平均水平，已经可以算是非常出色。16 个地级市中，12 个地级市的年度 GDP 名义增速超过 10%。增速最低的淮南、淮北两市，也有 6.7%～6.9%的名义增速。但是对比 2017 年，安徽各市的经济增速都有非常明显的下滑。

从各市生产总值占全省 GDP 的比重来看，2018 年，合肥市 GDP 占全省 25.71%，与 2017 年相当，继续遥遥领先省内其他城市；芜湖在全省的经济地位依旧稳定，生产总值占全省的比重达到 10.77%，同比下降 0.16 个百分点；比重在 5%～10%之间的依次为马鞍山（6.30%）、安庆（6.30%）、滁州（5.92%）、阜阳（5.78%）、蚌埠（5.63%）和宿州（5.36%）六市，分居全省第 3～8 位；比重在 5%以下的分别是宣城（4.33%）、六安（4.23%）、亳州（4.20%）、铜陵（4.02%）、淮南（3.72%）、淮北（3.24%）、池州（2.25%）、黄山（2.23%）（图 4-1）。

从各市经济发展对全省经济增长的贡献来看，2018 年，省会合肥对全省经济增长的贡献度最大，为 25.66%，比上年同期降低 2 个百分点，但依旧遥遥领先。其余各地区均未超过 10%，贡献度在 5%～10%之间的依次为芜湖（8.97%）、安庆（8.80%）、滁州（8.17%）、阜阳（7.93%）、马鞍山（7.60%）、蚌埠（6.90%）、宣城（5.41%）、宿州（5.31%）八市，分居2~9位。值得注意的是，安庆的经济贡献度显著提高，由2017年的第5位成功进入前三；贡献度在3%~5%之间的只有亳州（3.92%），居第10位；贡献度低于3%的依次为六安（2.92%）、铜陵（2.46%）、淮北（2.37%）、黄山（1.36%）、池州（1.30%）、淮南（0.92%），分居11~16位（图4-1）。

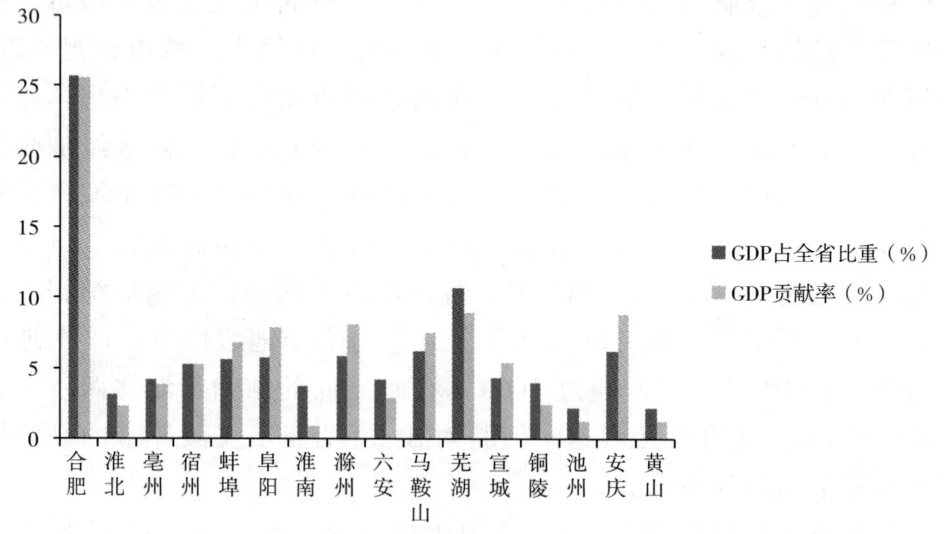

图4-1 2018年安徽各市GDP所占比重及贡献率

## （二）2018年安徽区域[①]经济发展概况

根据安徽省的产业空间格局，本研究将安徽省16个地市划分为三大区域，即皖江城市带、皖北地区和其他地区。下面分别考察2018年三大区域的经济发展情况。

### 1. 皖江城市带产业结构调整优化

皖江城市带承接产业转移示范区中的合肥、芜湖是安徽省目前乃至今后一个时期经济发展最具活力和潜力的两大增长极，是承接产业

① 本研究把安徽16个地市划分为三大区域：合肥、芜湖、马鞍山、铜陵、安庆、池州、滁州、宣城八市属于皖江城市带，依据2010年1月12日，国务院批准实施的《皖江城市带承接产业转移示范区规划》中，皖江城市带的规划范围为安徽省长江流域，主要包括合肥、芜湖、马鞍山、铜陵、安庆、池州、巢湖、滁州、宣城九市全境和六安市的舒城县、金安区，共59个县（市、区）；淮北、亳州、蚌埠、阜阳、淮南、宿州六市属于皖北地区；六安和黄山归于其他地区。

转移的核心区域；安庆、池州、铜陵、芜湖、马鞍山5个沿江城市是承接产业转移的主轴线；滁州和宣城这“两翼”正着力打造承接沿海地区特别是长三角产业转移的前沿地带（图4-2）。为拓展该区域中心城市的发展空间，2011年8月22日，安徽省民政厅召开新闻发布会，正式宣布将巢湖分为三个部分，分别划入合肥、芜湖和马鞍山。作为皖江城市带的重要地区，行政区划调整后，合肥、芜湖、马鞍山三市连成一片，这样形成的集群效应将显著提升区域核心竞争力，从而加快安徽省通过承接产业转移真正融入长三角的步伐，甚至参与经济全球化竞争与合作。

图4-2　皖江城市带主要城市分布情况

2018年，皖江城市带经济运行总体平稳，呈现产业结构调整优化、质量效益明显提升、新兴动力加快成长、对外贸易形势转好的良好态势。新兴产业加快成长，集聚发展的态势初步形成。新型显示、智能语音等16个示范区的战略性新兴产业集聚发展基地快速成长。外贸由降转增，外商直接投资速度加快。郑蒲港新区现代产业园依托马鞍山综合保税区，促进产城一体化建设。苏滁现代产业园依托中新集团外资招商平台，外向程度稳步提高。

从整体来看，工业生产增速创近4年新高，效益明显改善。全年规模以上工业增加值增长9.3%，比上年提高0.3个百分点，比全国高3.1个百分点，居全国第4、中部第1位。分经济类型看，国有企业增加值增长13.7%，股份制企业增长8.6%，外商及港澳台商投资企业增长12.3%。固定资产投资增速加快，民间投资占比上升。全年固定资产投资增长11.8%，增幅比上年提高0.8个百分点，比全国高5.9个百分点，居全国第2位、中部第1位。分产业看，第一产业投资增长33%，第二产业投资增长24.6%，第三产业投资增长5.6%。工业投资增长24.8%，比上年提高12.1个百分点，其中高新技术产业投资增长24.5%。民间投资增长18.5%，提高11.4个百分点，占全部投资的比重由60.2%提高到63.8%。固定资产投资本年度到位资金增长13.2%。其中，自筹资金增长6.3%，国家预算资金增长38.4%，国内贷款下降3.8%。出口明显加快，利用外资保持增长态势。全年进出口总额为629.7亿美元，增长16.6%，增幅比上年回落4.2个百分点，比全国高4个百分点。其中，出口为362.1亿美元，增长18.3%，比上年提高11.1个百分点；进口为267.6亿美元，增长14.3%。实际利用外商直接投资170亿美元，增长7%。财政收入保持两位数增长。全年财政收入5363亿元，增长10.4%；地方财政收入中，税收占比由上年的70.1%提高到71.5%。财政支出6572亿元，增长5.9%。

皖江城市带的“双核”即合肥和芜湖，在2018年的发展过程中全面贯彻落实党的十八大、十九大和省市党代会精神，经济实力再上台阶。2018年，合肥市坚持新发展理念，大力实施创新驱动战略，着力解决发展不平衡不充分的问题，加快经济质量变革、效率变革、动力变革，全市经济动力强、活力足、潜力好，走出了一条结构更优、效益更好、优势充分释放的高质量发展新路。2018年，全市生产总值为7822.9亿元，按可比价格计算，比上年增长8.5%。分产业来看，第一产业增加值为277.6亿元，增长2.2%；第二产业增加值为3612.3亿元，增长9.5%；第三产业增加值为3933.1亿元，增长3.2%。规模以上工业增加值同比增长11.3%；进出口总额为308.13亿美元，增长23.5%；固定资产投资增长7.1%；社会消费品零售总额为2976.74亿元，增长9.1%；财政收入为1378.33亿元，增长10.2%，其中地方财政收入为712.49亿元，增长8.6%。

2018 年芜湖市经济运行稳中向好，结构调整持续深化，运行质量持续改善。初步核算，2018 年全市实现地区生产总值 3278.53 亿元，比上年增长 8.4%，比全省平均水平高 0.4 个百分点。分产业看，第一产业增加值为 133.03 亿元，增长 3.1%；第二产业增加值为 1710.64 亿元，增长 8.6%；第三产业增加值为 1434.86 亿元，增长 8.5%。对外贸易稳中有升。2018 年，全市实现进出口总额 68.76 亿美元，比上年增长 3.6%。其中，进口 24.59 亿美元，增长 3.6%；出口 44.16 亿美元，增长 3.6%。实际利用外商直接投资 29.16 亿美元，增长 8.5%。居民收入较快增长，物价保持稳定。2018 年，全市城镇常住居民人均可支配收入为 38397 元，增长 9.2%；农村居民人均可支配收入为 20649 元，增长 9.7%。居民消费价格同比上涨 2.3%，工业生产者出厂价格同比上涨 4.6%，工业生产者购进价格上涨 4.1%。转型升级步伐加快。全市服务业增加值占地区生产总值的比重达 43.8%，比上年提高 4.0 个百分点。战略性新兴产业增加值占比达 29.8%，比上年提高 0.3 个百分点。新动能对经济增长的贡献进一步提升。战略性新兴产业加快发展，增速比规模以上工业快 3.0 个百分点，对规模以上工业增长的贡献率达 39.7%。

“一轴”上的安庆、池州、铜陵、马鞍山四个沿江市保持了经济规模的进一步扩大。2018 年安庆市地区生产总值突破 1900 亿元，达到 1917.59 亿元。固定资产投资增长 11.5%；社会消费品零售总额增长 14.8%；财政收入增长 6.2%；城乡居民人均可支配收入分别增长 8.5%和 9.8%。居民消费价格累计上涨 2%，低于增长 3%的控制目标。从经济总量看，全省 16 个城市的格局基本稳定，合肥、芜湖持续多年居前二位。

2018 年，池州市以习近平新时代中国特色社会主义思想为指导，坚定新发展理念，深入实施五大发展行动计划，认真贯彻“六稳”要求，突出抓落实、全力破难题，全市经济运行总体平稳、稳中有进。全年生产总值为 684.9 亿元，按可比价格计算，比上年增长 5.7%，增幅比上年提高 0.2 个百分点。其中，第一产业增加值为 75 亿元，增长 3.3%；第二产业增加值为 289.7 亿元，增长 7.1%；第三产业增加值为320.3亿元，增长4.9%。工业经济平稳向上，全市规模以上工业增加值增长9.0%，比上年提高3.0个百分点。新兴产业较快增长，战略性新兴产业产值增长17.2%。固定资产投资较快增长，全市固定资产投资增长12.1%，比上年提高2.6个百分点。分产业看，第一产业投资增长25.3%，第二产业投资增长24.0%，第三产业投资增长1.1%。工业投资增长39.3%。尽管全市经济运行总体平稳，质量效益持续改善，特别是主要经济指标企稳回升，为2018年经济平稳运行打下了坚实的基础，但当前宏观经济发展的环境依然复杂严峻，全球经济面临的下行风险增大，池州市经济发展仍处在转型调整和项目接续期，产业结构总体不优，新兴动力尚在培育，服务业拉动作用不强，稳增长的任务依然艰巨。

2018年，铜陵市经济运行总体平稳。全市实现地区生产总值(GDP) 1222.4亿元，按可比价格计算，比上年增长3.9%。工业生产稳中趋缓，全市规模以上工业增加值按可比价格计算，增长5.2%，增速较一季度、上半年、前三季度逐步减缓3.6、0.8和0.2个百分点。固定资产投资增速加快。全市固定资产投资按可比口径计算，增长9.0%。其中，工业投资增长9.6%，房地产开发投资增长26.7%。消费增速减缓，全市实现社会消费品零售总额365亿元，增长6.7%，增幅较前三季度减缓2.5个百分点。财政收入平稳增长，全市全部财政收入180.5亿元，增长7.6%。其中，地方财政收入73.8亿元，下降4.6%。全市财政支出154.3亿元，下降3.6%。

2018年，马鞍山市经济运行呈现总体平稳、稳中有进、进中向好的发展态势。全市实现GDP 1918.1亿元，比上年增长8.2%，增幅比全省高0.2个百分点。工业投资增速强劲。全年固定资产投资比上年增长10.1%，增幅比上年提升0.8个百分点。其中，第一产业投资增长15.6%，第二产业投资增长45.5%，第三产业投资下降9%。工业投资增长46%，增幅比全省高21.2个百分点，居全省第3位；工业投资占全市固定资产投资的比重为45.1%，拉动全市投资增长15.6个百分点。财政收入实现较快增长。全年财政收入为270.66亿元，比上年增长10.3%，增幅比上年提升0.2个百分点。实际利用外资保持增长。全年实际利用外商直接投资 24.85 亿美元，比上年增长 9.2%，增幅比上年提升 0.6 个百分点。城乡居民收入稳步提高。全年城乡居民人均可支配收入稳居全省首位，达 36482 元，比上年增长 9.7%。其中，城镇居民人均可支配收入为 45108 元，增长 9%；农村居民人均可支配收入为 21267 元，增长 9.9%。

滁州和宣城正着力打造承接沿海地区特别是长三角产业转移的前沿地带。2018 年滁州市地区生产总值同比增长 9.1%。全市主要经济指标增速位次提高，居全省前列。其中规模以上工业增加值增长 11.4%，居全省第 3 位，同比上升 1 位。社会消费品零售总额增长 13.5%，居全省第 5 位，同比上升 10 位。财政总收入增长 12.2%，居全省第 5 位。固定资产投资增长 15.4%，居全省第 4 位，同比上升 1 位。

2018 年，宣城市第一产业增加值为 135.4 亿元，增长 3.1%；第二产业增加值为 641.6 亿元，增长 10.2%；第三产业增加值为 540.2 亿元，增长 7.4%。一、二、三次产业结构的比例为 10.3∶48.7∶41。工业经济稳中趋好。全年规模以上工业增加值同比增长 11%，创 2015 年以来新高，比上年提高 1.8 个百分点，比全省高 1.7 个百分点，居全省第 5 位。分经济类型看，国有企业增加值增长 14.6%，股份制企业增加值增长 10.9%，外商及港澳台商投资企业增加值增长 12.1%。新兴动能加快成长。在规模以上工业中，高新技术产业企业数量为 681 户，增加值增长 20.1%，居全省第 4 位。高新技术产业增加值占比首次突破 50%，达 54.2%；战略性新兴产业企业数量为 410 户，产值增长 21%，居全省第 3 位。全年固定资产投资增长 14.9%，增幅比上年提高 3.1 个百分点，比全省高 3.1 个百分点，居第 6 位。

2. 皖北发展速度趋于平缓

2018 年，皖北地区供给侧结构性改革持续进行。全年皖北六市生产总值为 8500.09 亿元，同比增长 8.28%。皖北中心城市蚌埠，2018 年实现地区生产总值 1714.7 亿元，按可比价格计算，比上年增长 8.5%，快于全省 0.5 个百分点。GDP 增速由上半年的 7.2%提升至前三季度的 8.2%，全年达 8.5%，居全省位次也由上半年的 11 位提升

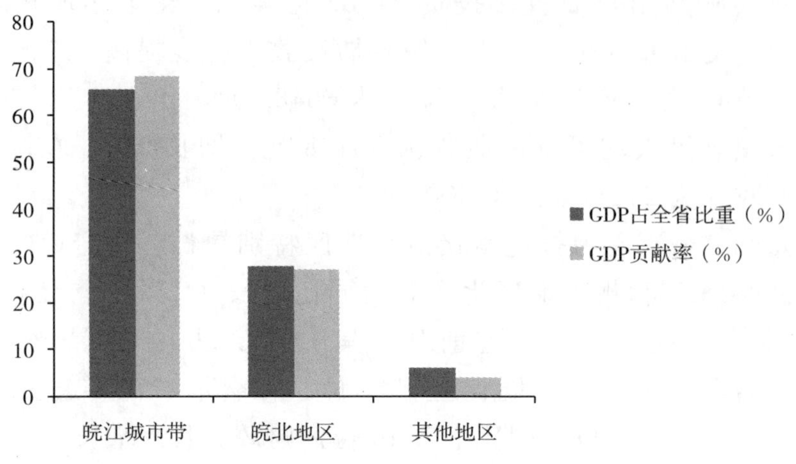


图 4-3 2018 年安徽省各区域 GDP 所占比重和贡献率

至前三季度的第 9 位，全年跃居第 4 位。三次产业齐头并进。第一产业增长 3.5%，高于全省 0.3 个百分点；第二产业增长 9.2%，高于全省 0.7 个百分点；第三产业增长 9.4%，高于全省 0.8 个百分点。经济结构持续优化。第一、第二、第三产业占 GDP 的比重由上年的13.2∶43.9∶42.9 调整为 12.1∶44.5∶43.4，第二、第三产业合计占比达 87.9%，同比提高 1.1 个百分点。固定资产投资增速为 14%，高于全省平均水平 2.2 个百分点，居全省第 7 位。

2018 年，阜阳市经济增长稳中有进，“进”的态势继续保持。“稳”主要体现在主要指标的增速快于全省、位居前列的地位稳。全市固定资产投资、金融机构人民币存款余额、金融机构人民币贷款余额、利用外资等 4 项指标增速均居全省第一位，地区生产总值、规模以上工业增加值、战略性新兴产业产值、财政收入、农村居民人均可支配收入等 5 项指标增速均居全省第二位，社会消费品零售总额、高新技术产业增加值、财政支出 3 项指标增速均居全省第三位。经济运行进中有变，积极因素渐次累积。从动能转换看，新动能加速汇聚。2018 年，全市战略性新兴产业产值增长 21.2%，居全省第二；产值占全市规模以上工业的比重由上年同期的 16.0%提高到 23.5%。高新技术产业增加值增长 23.2%，居全省第三；高新技术产业增加值占全省的比重由 3.1%提高到 5.7%。从经济结构看，产业结构持续优化升级。全市三次产业结构由上年同期的 19.8∶41.0∶39.2 调整为17.7∶41.9∶41.4。2018 年，全市财政收入 324.8 亿元，其中增值税、消费税、企业所得税和个人所得税完成 184.8 亿元，第三产业实现税收 167.9 亿元，贡献了新增税收的 66.7%。

与此同时，皖北的战略地位进一步提升，国家明确支持推进淮河生态经济带建设，宿州、亳州、淮北携手皖北两大中心城市——蚌埠、阜阳成功跻身中原城市群。其中，2018 年，宿州坚持稳中求进的工作总基调，持续深化供给侧结构性改革，对标高质量发展要求，深入实施五大发展行动计划，全市经济运行保持总体平稳、稳中向好的发展态势。21 项主要经济指标增速中，17 项进入全省前八，15 项进入全省前六。全市 GDP 达到 1630.22 亿元，增长 8.5%，高于全省 0.5 个百分点。分产业看，第一产业增加值为 253.62 亿元，增长 3.2%，与全省持平；第二产业增加值为 600.57 亿元，增长 9.1%，高于全省 0.6 个百分点；第三产业增加值为 776.03 亿元，增长 10.3%，高于全省 1.7 个百分点。产业结构进一步优化，三次产业结构由上年的 17.2∶38.3∶44.5 调整为 15.6∶36.8∶47.6。工业生产增速创近 4 年新高。全市规模以上工业增加值增长 10.1%，比上年提高 0.3 个百分点，比全省高 0.8 个百分点，居全省第 9 位。高质量发展新动能加速成长，高新技术产业工业增加值增长 27.6%，高于全省 13.7 个百分点，居全省第 1 位；战略性新兴产业产值增长 20.1%，高于全省 4 个百分点，居全省第 4 位。固定资产投资增速位次前移。全市固定资产投资增长 15.5%，比上年提高 4.7 个百分点，居全省第 3 位，比上年前移 7 个位次。财政收入稳定增长。全市财政收入为 175.76 亿元，增长 12.3%，比上年提高 0.4 个百分点，居全省第 4 位，皖北第 1 位。其中，地方财政收入为 111.56 亿元，增长 11.4%，比上年提高 6.7 个百分点。税收收入为 134.06 亿元，增长 13.2%，税收收入占财政收入的比重达 76.3%，比上年提高 0.6 个百分点，质量进一步提高。增值税、消费税、企业所得税和个人所得税等主体税种完成 87.32 亿元，占税收总量的 65.1%，比上年提高 0.9 个百分点。全市财政支出为 396.62 亿元，增长 14.7%，比上年提高 3.6 个百分点。财政支出中，民生支出占比为 87.5%，比上年提高 1.4 个百分点。

2018 年，亳州紧紧围绕建设现代化五大发展美好亳州的目标，坚持稳中求进的工作总基调，全市经济运行呈现总体稳健的发展态势，新旧动能加快转换，高质量发展深入推进。全市实现生产总值 1277.2 亿元，按可比价格计算，比上年增长 10.1%，快于全省 2.1 个百分点。第一产业实现增加值 210.4 亿元，增长 3.8%；第二产业实现增加值 496.8 亿元，增长 11%；第三产业实现增加值 570 亿元，增长 12.1%。一、二、三次产业比例为 16.5∶38.9∶44.6。工业生产稳中向好。全年规模以上工业增加值增长 11.8%，增速创近四年新高，比上年同期提高 1.4 个百分点，比全省高 2.5 个百分点，连续 15 个月位居全省第 1 位。全年固定资产投资增长 18%，高出全省 6.2 个百分点，连续 9 个月居全省第 2 位。消费品市场平稳增长。全年社会消费品零售总额为 590 亿元，同比增长 11.6%，增幅与全省持平，居全省第 8 位。按经营单位所在地划分，城镇消费品零售额为 440.2 亿元，增长 11.6%；乡村消费品零售额为 149.8 亿元，增长 11.7%。对外贸易快速增长。全年进出口总额为 8.3 亿美元，增长 25.4%，增幅比全省高 8.8 个百分点，居全省第 5 位。其中，出口 7.2 亿美元，增长 19.1%，比全省高 0.7 个百分点。全年实际利用外商直接投资 9 亿美元，增长 15.4%，高于全省 8.4 个百分点，居全省第 8 位。

2018 年，淮北市经济平稳健康发展，财政收入、外贸进出口总额等主要经济指标保持较快增长，规模以上工业增加值受到去产能、环保等因素影响增速波动，全市完成地区生产总值 985.2 亿元，按可比价格计算，同比增长 3.6%。第一产业实现增加值 65.3 亿元，同比增长 2%；第二产业实现增加值 540 亿元，增长 0.8%；第三产业实现增加值 379.9 亿元，增长 8%，全市三次产业结构比例为 6.6∶54.8∶38.6。农业生产平稳发展，全年粮食总产量为 144.2 万吨。工业增加值增速放缓，全市规模以上工业增加值同比增长 0.3%。固定资产投资平稳增长，全市固定资产投资同比增长 9.2%。消费市场较为活跃，全市社会消费品零售总额为 324.5 亿元，同比增长 11.6%。进出口总额稳定增长，全市实现外贸进出口总额 71844 万美元，同比增长

18.1%。财政收入快速增长，全市实现财政收入 128.9 亿元，同比增长 19.8%；财政支出 166.7 亿元，同比增长 9.1%。金融业运行平稳，全市金融机构人民币存款余额为 1475.4 亿元，同比增长 5.3%；人民币贷款余额为 937.1 亿元，同比增长 7.9%。民间投资占比提升，全市民间投资同比增长 9.2%，与固定资产投资增速持平。民生福祉不断改善，全市城镇居民人均可支配收入为 31959 元，同比增长 8.1%；农村居民人均可支配收入为 12745 元，同比增长 9.8%。

2018 年，淮南市积极应对经济下行的压力，坚定信心，迎难而上，扎实工作，保持了全市经济平稳增长。全市生产总值为 1133.3 亿元，按可比价格计算，比去年同期增长 4.3%。分产业看，第一产业增加值 122.4 亿元，增长 3.2%；第二产业增加值 527.8 亿元，增长 4.1%；第三产业增加值 483.1 亿元，增长 4.9%。一、二、三次产业的比例为 10.8∶46.6∶42.6。总的来看，全市经济运行在合理区间，保持了平稳运行的态势，产业结构不断优化，发展质效不断提升，民生福祉不断增进。全市有 6 项经济指标增速在全省的位次较 2017 年提升。全市规模以上工业增加值同比增长 4.1%，较上半年和前三季度分别提升 2.9 个、2.7 个百分点。地区生产总值增长 4.3%，增速比去年同期提升 1 个位次，位居全省第 14 位，高于铜陵、淮北；战略性新兴产业产值增长 19.6%，增速比去年同期提升 8 个位次，位居全省第 5 位；进出口总额增长 61.4%，增速比去年同期提升 10 个位次，位居全省第 1 位；外商直接投资增长 19.6%，增速比去年同期提升 2 个位次，位居全省第 5 位。

3. 六安、黄山经济日渐发展

2018 年，六安市坚持质量第一、效益优先，按照“三融合三为主”（产城融合、以产为主，二、三产业融合、以二产为主，科工贸融合、以战略性新兴产业为主）的功能定位，加快推动发展质量变革、效率变革、动力变革，全力建设现代产业体系，奋发有为、争先进位，努力把六安经济技术开发区打造成为全市绿色振兴的核心增长极，充分发挥国家级开发区在区域经济发展中的窗口示范和辐射带动作用。

2018 年，黄山市财政收入为 113.85 亿元，增长 7.5%。全市一般公共财政支出预计完成 185.5 亿元，与上年基本持平，民生支出占财政总支出的 80%以上，教育、科技、医疗卫生、节能环保、城乡社区等重点支出保障有力。在财政工作中，严格落实积极的财政政策，确保收支平稳运行。按月召开财税调度会，依法征收、应收尽收。强化支出分析、考核和通报，注重强化预算执行管理，确保重大基础设施、民生工程等重点支出需求。进一步盘活财政存量资金，按季对市本级单位往来户、财政专户存量资金进行清理盘活。全年为企业减免税负 16.07 亿元，有力地支持了实体经济发展。

## 二、2018 年安徽各市经济发展水平综合评价

为了综合反映安徽省各地市经济发展水平，需利用排名来深入了解各地市在安徽经济中的地位。在一定时期内，地区排名是该区域发生的各项经济活动结果最直观的反映。区域的各项经济活动主要包括经济资源的投入活动、产出活动以及由投入产出活动带来的经济量与质的变化。因此，在对各地市排名之前必须制定一套行之有效的指标测评体系，以便对各地市的经济发展状况做出及时的分析评价，更好地促进安徽各地市经济的发展。

### （一）指标体系设计目的和原则

1. 指标体系设计目的

本套指标体系主要考察的是安徽省各地市经济地位，目的是通过对各地市相关指标的统计，切实加强对各地市经济运行状况的考核与评价，更好地了解自身的经济发展状况，并通过与省内其他地市的对比，发现自身发展中的优势和劣势，并采取相应措施，以巩固和增强优势，消除劣势；各地市主管部门利用该套指标体系可以定期对经济发展情况进行比较和分析，及时发现存在的问题，并根据经济发展过程中遇到的具体问题，适时调整产业政策，改善宏观环境，引导各地市始终坚持正确的发展方向。

2. 指标体系设计原则

为了使我们建立的经济评价体系具有全面、客观、准确的性能，指标体系设计应从评价目的出发，确保有效性，同时还应遵循以下

原则。

（1）系统性与针对性原则

区域经济系统是一个多层次的复合体。指标体系应该反映区域经济运行所包含的主要因素，各层次之间要有内在联系，使之“分”可说明个别因素，“合”可说明整体结构、形象。针对性原则适用于区域经济状况的评价和排名，要求将该领域关键的影响因素挑选出来，做重点分析。

（2）可比性、可操作性与稳定性原则

区域经济运行评价结果的可比性要求评价指标必须具有可比性，这种可比性既要求反映区域经济发展状态的纵向可比性（即时序演变），又要求横向可比性（即地区间经济发展的差异）。在各评价指标中，量纲相同的指标直接可比，量纲不同的指标经无量纲化而间接可比。可操作性是指，在反映评价基本内涵的前提下，选取的指标尽可能少，并避免含义相同或相近的指标重复出现，同时做到指标含义明确，以一定的现实统计资料为基础，因而可依据数据资料进行计算分析，便于使用。在稳定性方面，构成指标体系的指标，应是变化比较有规律性的指标，那些受偶然因素影响大起大落的指标要尽量少选。

（3）超前性原则

区域经济发展评估指标体系，不仅要求能客观反映被评估地区经济发展的现状和地位，还要能引导经济向正确方向发展，应具有指导性、超前性。

（二）安徽各市经济发展水平综合评价指标体系设计

区域经济发展水平与区域的经济发展规模、结构、效益和成长性等因素密切相关。因此，本节将从区域经济发展规模、经济结构、经济效益和经济成长性四个层面设计评价指标体系。通过这四个层面构成的指标体系，可以计算出安徽省各地市经济发展水平的相对优劣系数。受到指标数据采集的限制，本研究将安徽各地市经济发展水平评价指标体系分为4大要素模块、8个要素支撑点，共计36项指标组成（表4-1）。

**表4-1 安徽各市经济发展水平综合评价指标体系**

| 一级指标 | 二级指标 | 支撑点名称 |
|---|---|---|
| 经济规模 | GDP | 增加值 |
| | 第二产业增加值 | 增加值 |
| | 第三产业增加值 | 增加值 |
| | 规模以上工业增加值 | 增加值 |
| | 战略性新兴产业产值 | 增加值 |
| | 固定资产投资额 | 投资 |
| | 社会消费品零售总额 | 市场规模 |
| | 财政收入 | 财政政策 |
| | 十二月份金融机构贷款余额 | 财政政策 |
| | 进出口总额 | 商品及服务出口 |
| | 工业用电量 | 产业结构 |
| 经济结构 | 第二产业增加值占GDP比重 | 产业结构 |
| | 第三产业增加值占GDP比重 | 产业结构 |
| | 规模以上工业增加值占GDP比重 | 产业结构 |
| | 战略性新兴产业产值占GDP比重 | 产业结构 |
| | 固定资产投资额占GDP比重 | 投资 |
| | 进出口总额占GDP比重 | 商品及服务出口 |
| 经济效益 | 人均GDP | 增加值 |
| | 人均财政收入 | 财政政策 |
| | 人均零售额 | 市场规模 |
| | 财政收入占GDP比重 | 财政政策 |
| | 城镇常住居民人均可支配收入 | 财政政策 |
| | 农村常住居民人均可支配收入 | 财政政策 |
| 经济成长性 | GDP增长速度 | 增加值 |
| | 第二产业增加值名义增长速度 | 增加值 |
| | 第三产业增加值名义增长速度 | 增加值 |
| | 规模以上工业增加值增长速度 | 增加值 |
| | 战略性新兴产业产值增长速度 | 增加值 |
| | 固定资产投资增长速度 | 投资 |
| | 财政收入增长速度 | 财政政策 |
| | 十二月末金融机构贷款余额增长速度 | 增加值 |
| | 进出口总额增长速度 | 商品及服务出口 |
| | 社会消费品零售总额增长速度 | 市场规模 |
| | 工业用电量增速 | 产业结构 |
| | 城镇常住居民人均可支配收入增长率 | 财政政策 |
| | 农村常住居民人均可支配收入增长率 | 财政政策 |

数据来源：《安徽省统计年鉴》、安徽各市公开发布的2018年政府工作报告数据以及安徽统计局发布的统计数据。

### （三）安徽各市经济发展水平综合评价方法

影响区域经济运行的因素众多，结构复杂，各影响因素间的关系纵横交错、作用相互重叠。作为一个复杂的系统，系统理论尤其是复杂系统理论对地区经济发展水平进行评价研究无疑有着重要的指导作用，同时，为了从量上揭示相互联系的事物之间的数量关系及其相互影响的量变规律，深入、全面地研究安徽各地市经济发展状况，必须使用定量方法。本节将基于复杂系统理论，采用组合评价方法，对各地市经济发展状况进行排名。

下面选用灰色关联法、熵值法和主成分分析法，对安徽省各市2018年的经济发展状况分别进行综合评价，在此基础上使用组合评价原理与方法得到组合评价结果。

1. 灰色关联法

灰色系统理论中，应用最广泛的是关联度分析法，关联度分析法是分析系统中多因素关联程度的一种新的因素分析方法。

2. 熵值法

熵值法是根据指标的变异信息量确定权数，原理是：设有 $m$ 个待评方案，$n$ 项评价指标，形成原始指标数据矩阵 $\boldsymbol{X}=(x_{ij})_{m\times n}$，对于某项指标 $x_j$，指标值 $x_{ij}$ 的差异越大，则该指标在综合评价中所起的作用越大；如果某项指标的指标值全部相等，则该指标在综合评价中不起作用。在信息论中，信息熵 $H(x)=-\sum_{i=1}^{n}p(x_i)\ln p(x_i)$ 是系统无序程度的度量，信息是系统有序程度的度量，二者绝对值相等，符号相反。某项指标的指标值变异程度越大，信息熵越小，该指标提供的信息量越大，该指标的权重也应越大；反之，某项指标的指标值变异程度越小，信息熵越大，该指标提供的信息量越小，该指标的权重也越小。所以，可以根据各项指标值的变异程度，利用信息熵这个工具，计算出各指标的权重，为多指标综合评价提供依据。

3. 主成分分析法

主成分分析也称主分量分析，旨在利用降维的思想，把多指标转化为少数几个综合指标。在实证问题研究中，为了全面、系统地分析问题，我们必须考虑众多的影响因素。这些涉及的因素一般称为指标，在多元统计分析中也称为变量。因为每个变量都在不同程度上反映了所研究问题的某些信息，并且指标之间有一定的相关性，因而所得的统计数据反映的信息在一定程度上有重叠。在用统计方法研究多变量问题时，变量太多会增加计算量并增强分析问题的复杂性，人们希望在进行定量分析的过程中，涉及的变量较少，得到的信息量较多。主成分分析正是适应这一要求产生的。

可见，在区域经济评价方法上，可选的定量研究方法很多，在本书所选取的灰色关联法、熵值法和主成分分析法三种评价方法中，既包括了主观评价方法，又包括了客观评价方法。无论是选用主观赋权法还是选用客观赋权评价法进行评价，都有其自身无法解决的缺陷。组合评价是将几种评价结果进行组合的一种科学合理的评价方法。由于在选取的评价地区经济发展的指标体系中，一些指标存在较多奇异值，同时有些指标的数据在不同年份的变化较大。如果仅采用某一种客观评价方法进行排名，可能对奇异值较大的指标赋予较大的权重；如果仅采用某一种主观评价方法进行排名，少数指标在不同地区间的较大变化也可能对地区排名产生较大影响。因此，应用单一的评价方法来对地区经济发展状况进行排名，是不太合理的。这里采用三种主要评价方法进行组合评价，能有效克服单一评价方法的诸多缺点，保证评价结果的稳健性。接下来需要将评价结果按照一定的方式进行组合，得出组合评价值，最后得到组合评价的排序结果，本书选用均值法。其步骤是：

若 $r_{ik}$ 是方案 $x_i$ 在第 $k$ 种方法下所排序的位次（$i=1, 2, \cdots, n$；$k=1, 2, \cdots m$），令

$$R_{ik}=n-r_{ik}+1 \tag{4-1}$$

计算不同方法得分的均值为：

$$avr(R_i)=\frac{1}{m}\sum_{k=1}^{m}R_{ik} \tag{4-2}$$

最后按均值重新排序。如果有两个方案 $avr(R_i)=avr(R_j)$，则计算在不同方法下得分的标准差为：

$$\sigma_i \sqrt{\sum (R_{ik} - avr(R_i))^2 / m} \qquad (4-3)$$

标准差小者为优。

(四) 2018 年安徽各市经济发展状况综合评价

利用安徽省 16 个地市 2018 年的 36 个指标数据，采用主成分分析法、熵值法和灰色关联法计量测算经济运行得分，分别得到 3 组各地市的排名与具体得分值，同时为了兼顾主客观赋权法间的优势，弥补单一计量评价方法的不足，得出更为合理、科学的评价结果，我们将三种计量评价结果采用平均值法进行组合，得出组合计量评价值。利用 SPSS 软件和 2018 年安徽各地市经济发展状况评价结果，$X^2$ 统计量近似的 $p$ 值近似等于 0，因此可以拒绝原假设，通过事前检验说明这三种评价方法结果是一致的。同时，通过计算各单一计量结果与平均值法组合计量结果之间关系，Spearman 秩相关系数呈现出高度正相关关系，并且通过了 t 检验，因此通过事后检验证明了平均值法的组合结果与原三种单一方法密切相关。

本书分别按主成分分析法、熵值法和灰色关联法计量测算经济运行得分，并根据组合计量值得到组合计量的排序结果，得到 2018 年安徽省各市经济发展水平评价得分及排名，见表 4－2 所列。

表 4－2　2018 年安徽各市经济发展水平评价得分及排名

| 地区 | 方法 | | | | | | | |
|---|---|---|---|---|---|---|---|---|
| | 组合评价 | | 主成分分析法 | | 熵值法 | | 灰色关联法 | |
| | 评价得分 | 名次 | 评价得分 | 名次 | 评价得分 | 名次 | 评价得分 | 名次 |
| 合肥市 | 16.0000 | 1 | 1.2486 | 1 | 1.3102 | 1 | 0.8348 | 1 |
| 淮北市 | 2.0000 | 15 | −0.6183 | 15 | −0.6043 | 15 | 0.5579 | 15 |
| 亳州市 | 8.3333 | 8 | −0.0803 | 9 | −0.1012 | 9 | 0.6197 | 8 |
| 宿州市 | 5.0000 | 13 | −0.2582 | 11 | −0.2755 | 13 | 0.5927 | 12 |
| 蚌埠市 | 10.3333 | 7 | 0.1493 | 6 | 0.1480 | 7 | 0.6415 | 7 |
| 阜阳市 | 11.6667 | 5 | 0.1479 | 7 | 0.1569 | 5 | 0.6566 | 4 |
| 淮南市 | 1.0000 | 16 | −0.8653 | 16 | −0.6979 | 16 | 0.5506 | 16 |
| 滁州市 | 12.6667 | 4 | 0.3444 | 4 | 0.2365 | 4 | 0.6478 | 5 |
| 六安市 | 5.3333 | 12 | −0.2357 | 10 | −0.2729 | 12 | 0.5804 | 13 |
| 马鞍山市 | 14.0000 | 3 | 0.5069 | 3 | 0.3377 | 3 | 0.6591 | 3 |

（续表）

| 地区 | 方法 | | | | | | | |
|---|---|---|---|---|---|---|---|---|
| | 组合评价 | | 主成分分析法 | | 熵值法 | | 灰色关联法 | |
| | 评价得分 | 名次 | 评价得分 | 名次 | 评价得分 | 名次 | 评价得分 | 名次 |
| 芜湖市 | 15.0000 | 2 | 0.6158 | 2 | 0.5445 | 2 | 0.6789 | 2 |
| 宣城市 | 11.3333 | 6 | 0.1786 | 5 | 0.1551 | 6 | 0.6424 | 6 |
| 铜陵市 | 5.6667 | 11 | −0.3716 | 13 | −0.2340 | 11 | 0.6064 | 10 |
| 池州市 | 3.0000 | 14 | −0.4876 | 14 | −0.4912 | 14 | 0.5613 | 14 |
| 安庆市 | 8.0000 | 9 | 0.0215 | 8 | −0.0729 | 8 | 0.6040 | 11 |
| 黄山市 | 6.6667 | 10 | −0.2958 | 12 | −0.1389 | 10 | 0.6069 | 9 |

数据来源：安徽各市政府网站公开发布的 2018 年度数据以及安徽统计局发布的数据。

## 三、安徽各市经济发展水平差异及成因分析

### （一）2018 年安徽各市经济发展状况分析

依据 2018 年安徽省 16 个地市的经济发展状况排名和分值信息，我们分别绘制了条形图和雷达图，以便对各市的经济发展水平进行分析，如图 4－4 与图 4－5 所列。

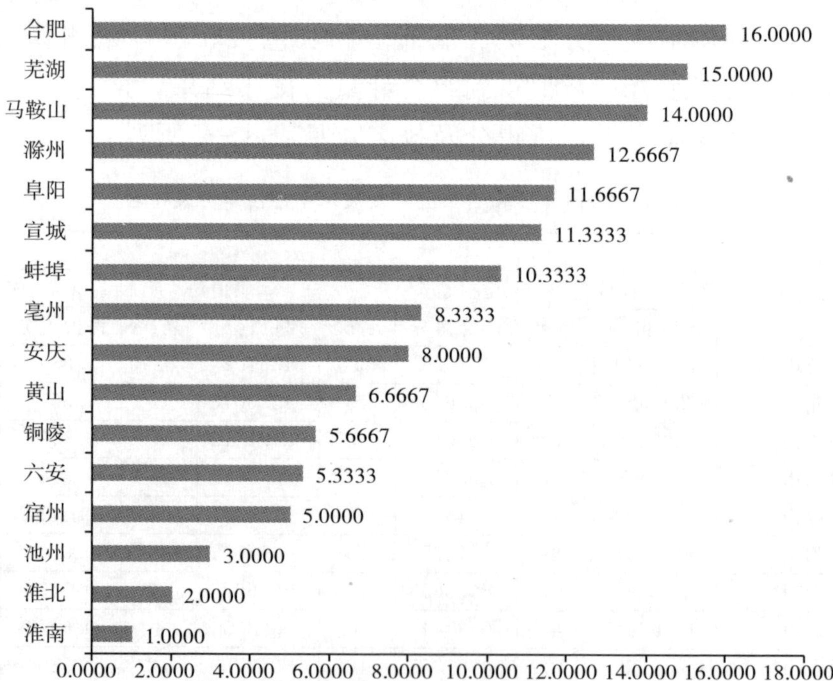


图 4－4　2018 年安徽各市经济发展综合得分示意图

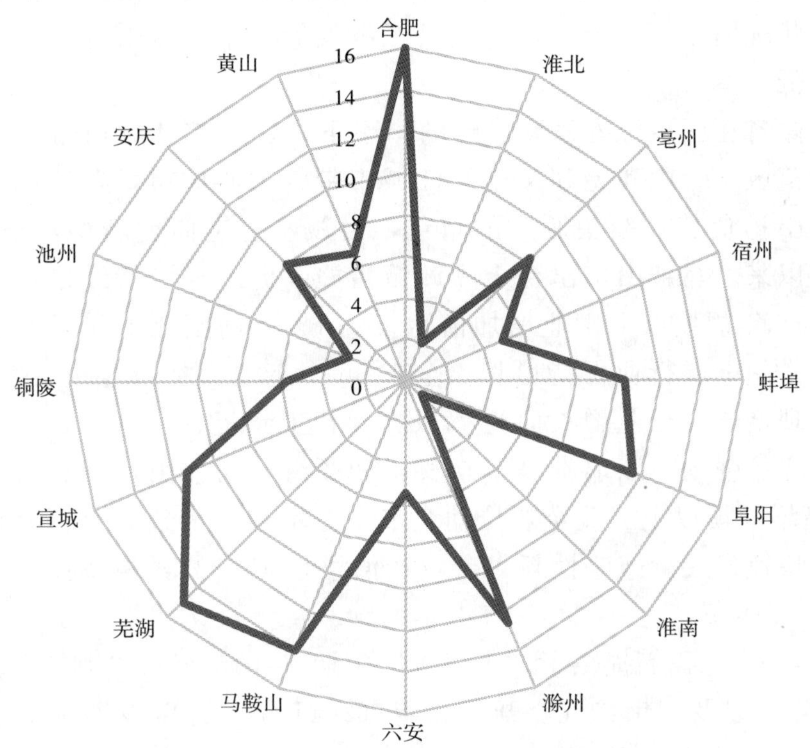


图 4－5　2018 年安徽各市经济发展状况雷达图

条形图（图 4－4）中的信息显示，2018 年合肥、芜湖、马鞍山占据前三的位置。同时地处皖江城市带的滁州、宣城两个城市以及地处皖北地区的阜阳得分也较高，处于全省中上游水平，整体皖江城市带区域经济运行状况较好。皖北地区的经济发展仍有差距。从 2018 年的得分与排名情况来看，阜阳排名居全省的上游位置，综合排名第 5 位，与上年相当；皖北中心城市蚌埠的经济发展水平居全省上游，综合排名第 7 位；亳州排名为第 8 位，较上年上升 1 位；皖北地区发展不平衡问题仍然存在，宿州、淮南与淮北的综合排名较为靠后。

雷达图（图 4－5）中的安徽各市经济发展状况得分显示，在 2018 年安徽各市的经济发展排名中，合肥、芜湖、马鞍山、滁州属于第一类，优势突出；阜阳、蚌埠、宣城的经济发展状况属于第二类，优势比较明显；六安、亳州、安庆、黄山的经济发展状况属于第三类，经济发展水平处于中游及中下游；宿州、淮北、淮南、池州、铜陵的经济发展状况属于第四类，这一类的经济发展水平比较低，经济发展得分均较低。

安徽省在区域统筹发展战略的指引下，建立皖江城市带承接产业转移示范区，合肥和芜湖又是皖江城市带的中心城市，在皖江城市联动发展中担负着“领头雁”的角色，引领全省走向创新型经济道路。十八大以来，马鞍山市出台多项政策措施，促进经济持续稳定健康发展。2018 年规模以上工业增加值增长 9.1%，增幅比上年提升 0.1 个百分点。超七成行业保持增长。全市 36 个工业大类行业中，有 28 个行业实现增长，行业增长面为 77.8%，比上年提升 5.5 个百分点。新增企业增势强劲。以瑞泰马钢新材料和颐海（马鞍山）食品为代表的 45 户新增规模以上工业企业拉动全市工业增加值增长 2 个百分点。新兴产业快速发展。战略性新兴产业产值增长 19.2%，高新技术产业增加值增长 18.9%。

表 4－3 为我们提供了“十三五”中期（2018 年）、“十二五”后期（2015 年）以及“十二五”开局之年（2011 年）经济发展水平前六位与后六位的城市以及所在区域情况。与“十二五”时期相比，进入“十三五”时期以来，马鞍山市把握发展机遇，经济地位有了迅猛提升；地处皖江城市带的滁州经济地位稳定进入全省前列水平；合肥、芜湖继续领跑全省。

**表 4－3　安徽经济发展水平前六位与后六位地区及所属区域（2018、2015 和 2011 年）**

| 经济发展水平前六位的地区及分布 | | | | | | |
|---|---|---|---|---|---|---|
| 排名 | 2018 年 | | 2015 年 | | 2011 年 | |
| | 地　区 | 区　域 | 地　区 | 区　域 | 地　区 | 区　域 |
| 1 | 合　肥 | 皖江城市带 | 合　肥 | 皖江城市带 | 合　肥 | 皖江城市带 |
| 2 | 芜　湖 | 皖江城市带 | 芜　湖 | 皖江城市带 | 芜　湖 | 皖江城市带 |
| 3 | 马鞍山 | 皖江城市带 | 蚌　埠 | 皖北地区 | 铜　陵 | 皖江城市带 |
| 4 | 滁　州 | 皖北地区 | 铜　陵 | 皖江城市带 | 马鞍山 | 皖江城市带 |
| 5 | 阜　阳 | 皖北地区 | 滁　州 | 皖江城市带 | 蚌　埠 | 皖北地区 |
| 6 | 宣　城 | 皖江城市带 | 阜　阳 | 皖北地区 | 滁　州 | 皖江城市带 |

（续表）

| 经济发展水平后六位的地区及分布 | | | | | | |
|---|---|---|---|---|---|---|
| 排名 | 2018 年 | | 2015 年 | | 2011 年 | |
| | 地　区 | 区　域 | 地　区 | 区　域 | 地　区 | 区　域 |
| 16 | 淮　南 | 皖北地区 | 淮　南 | 皖北地区 | 池　州 | 皖江城市带 |
| 15 | 淮　北 | 皖北地区 | 黄　山 | 其他地区 | 六　安 | 其他地区 |
| 14 | 池　州 | 皖江城市带 | 六　安 | 其他地区 | 亳　州 | 皖北地区 |
| 13 | 宿　州 | 皖北地区 | 淮　北 | 皖北地区 | 宿　州 | 皖北地区 |
| 12 | 六　安 | 其他地区 | 安　庆 | 皖江城市带 | 淮　北 | 皖北地区 |
| 11 | 铜　陵 | 皖江城市带 | 池　州 | 皖江城市带 | 安　庆 | 皖江城市带 |

## （二）安徽各市经济发展水平资产负债表

### 1. 基于一级指标的资产负债表

以上从经济规模、经济结构、经济效益和经济成长性四个方面建立指标体系，对 2018 年安徽各市的经济发展水平进行了综合评价和排名。下面参照瑞士洛桑国际管理学院的处理方法，把各市排名位居安徽省前 8 位的经济发展指标列为该地区经济发展的资产，排名安徽省后 8 位的经济发展指标列为该地区经济发展的负债，编制了安徽各市经济发展一级指标资产负债表（表 4－4）。这种以反映区域经济发展水平的指标为要素项目的经济发展资产负债表，可以说明安徽各市经济发展中的优势和劣势。

**表 4－4　安徽各市经济发展一级指标资产负债情况（2018 年）**

| 排名 | 城市 | 经济规模 | 城市 | 经济结构 | 城市 | 经济效益 | 城市 | 经济成长性 |
|---|---|---|---|---|---|---|---|---|
| 1 | 合肥 | 资产 | 铜陵 | 资产 | 合肥 | 资产 | 阜阳 | 资产 |
| 2 | 芜湖 | 资产 | 芜湖 | 资产 | 芜湖 | 资产 | 亳州 | 资产 |
| 3 | 马鞍山 | 资产 | 蚌埠 | 资产 | 马鞍山 | 资产 | 滁州 | 资产 |
| 4 | 滁州 | 资产 | 马鞍山 | 资产 | 宣城 | 资产 | 宿州 | 资产 |
| 5 | 蚌埠 | 资产 | 宣城 | 资产 | 铜陵 | 资产 | 宣城 | 资产 |
| 6 | 安庆 | 资产 | 滁州 | 资产 | 蚌埠 | 资产 | 黄山 | 资产 |
| 7 | 阜阳 | 资产 | 合肥 | 资产 | 黄山 | 资产 | 安庆 | 资产 |

（续表）

| 排名 | 城市 | 经济规模 | 城市 | 经济结构 | 城市 | 经济效益 | 城市 | 经济成长性 |
|---|---|---|---|---|---|---|---|---|
| 8 | 宣城 | 资产 | 淮北 | 资产 | 滁州 | 资产 | 六安 | 资产 |
| 9 | 铜陵 | 负债 | 黄山 | 负债 | 池州 | 负债 | 马鞍山 | 负债 |
| 10 | 宿州 | 负债 | 安庆 | 负债 | 安庆 | 负债 | 蚌埠 | 负债 |
| 11 | 六安 | 负债 | 池州 | 负债 | 淮南 | 负债 | 合肥 | 负债 |
| 12 | 亳州 | 负债 | 阜阳 | 负债 | 阜阳 | 负债 | 芜湖 | 负债 |
| 13 | 淮南 | 负债 | 六安 | 负债 | 淮北 | 负债 | 池州 | 负债 |
| 14 | 淮北 | 负债 | 亳州 | 负债 | 六安 | 负债 | 淮南 | 负债 |
| 15 | 池州 | 负债 | 淮南 | 负债 | 亳州 | 负债 | 淮北 | 负债 |
| 16 | 黄山 | 负债 | 宿州 | 负债 | 宿州 | 负债 | 铜陵 | 负债 |

笔者根据表4－4绘制了安徽省各区域的经济规模、经济结构、经济效益和经济成长性的资产负债图（图4－6）。在经济规模一栏中，皖江城市带6个地市的经济规模属于资产。从图4－6可以看出，在经济规模上，该区域75％的地区处于优势，25％的地区处于劣势；皖北6市中，只有蚌埠和阜阳的经济规模属于资产，其余4市均处于负债状态，皖北地区的整体经济规模属于负债居多，达到了66.67％，资产只有33.33％；其他地区中，六安和黄山的经济规模均处于负债状态。在经济结构一栏中，皖江城市带中处于资产的地区占比为75％；皖北地区经济结构方面仍是负债多于资产，除了蚌埠和淮北优势明显外，一半以上的地区经济结构仍处于劣势地位；其他地区中，黄山和六安的经济结构都处于劣势。在经济效益一栏中，皖江城市带中占该区域25％的地区的经济效益处于劣势地位；皖北6市中，蚌埠和阜阳为该地区的优势资产，其他4个地市在经济效益上均处于负债状态；其他地区中黄山的经济效益为资产状态。在经济成长性一栏中，皖北地区的经济成长能力仍然稳定在前列，阜阳、亳州和宿州的经济成长能力均为资产状态；皖江城市带中的滁州、宣城和安庆的经济成长能力为资产状态，其他地区中六安的经济成长能力为资产状态。

综合表4－4和图4－6的信息，皖江城市带主要城市经济发展的

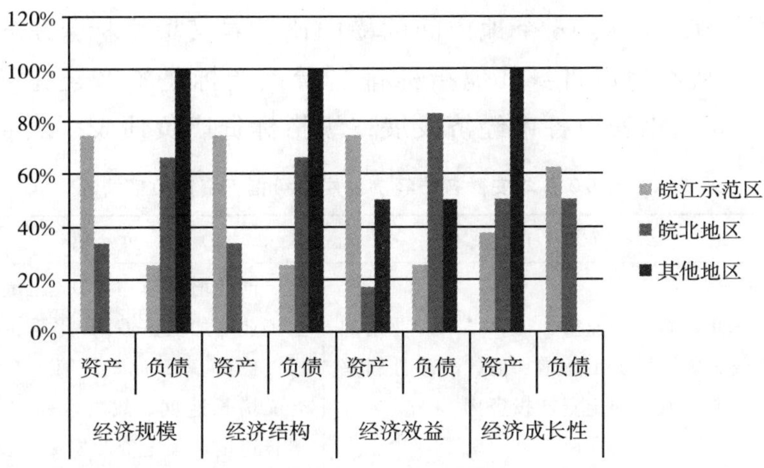


图4-6 2018年安徽省各区域经济资产负债情况

各项指标优势明显，如合肥、芜湖、马鞍山的各项经济指标均处于优势地位，铜陵多数经济指标也位居安徽省前列，但该区域同时也存在一些问题，如经济成长性的落后，表明发展的后劲不足。皖江城市带中，8个地市间的经济差距在拉大。比如合肥、芜湖、马鞍山经济始终保持高位运行，而池州在绝大多数经济指标上表现不理想。

皖北6市，特别是蚌埠和阜阳从2013年开始异军突起，各项经济指标均有较大突破，尤其是持续增强的经济成长性使该区域扭转经济发展的劣势地位，缩小了差距。蚌埠和阜阳继续保持经济规模上的优势，并且蚌埠在所有指标中均保持资产状态，发展势头良好。皖北地区以落实省五大发展行动计划为动力，保持又好又快的发展势头，经济总量增速自2012年首超全省后，2018年再次实现赶超，主要经济指标增幅高于全省。全年皖北6市生产总值为8500.09亿元。

2. 基于二级指标的资产负债表

为了更加细致地比较各地区36个二级指标的相对优势与劣势。下面仍参照瑞士洛桑国际管理学院的处理方法，把每一地区36个二级指标排名中相对居前的6个指标作为该地区的资产，将排名相对落后的6个指标作为该地区的负债，为了避免个别优势地区或者个别劣势地区的指标过于集中在资产栏或者负债栏，这里从经济规模、经济结构、经济效益和经济成长性方面各选取6个典型指标，其典型意义基于两方面考虑：其一，从 16 个地市间的横向比较看某项指标是资产还是负债；其二，从本地市自身其他指标排名看该指标是资产还是负债。下面编制了 2018 年安徽各市经济发展二级指标资产负债表（表 4－5）。

**表 4－5　2018 年安徽各市经济发展二级指标资产负债情况**

| 地　区 | 资　产 | 负　债 |
| --- | --- | --- |
| 合肥市 | GDP、第二产业增加值、第三产业增加值、规模以上工业增加值、战略性新兴产业产值、固定资产投资额 | 第二产业增加值占 GDP 比重、规模以上工业增加值占 GDP 比重、固定资产投资额占 GDP 比重、第三产业增加值名义增长速度、战略性新兴产业产值增长速度、固定资产投资增长速度 |
| 淮北市 | 第二产业增加值占 GDP 比重、规模以上工业增加值占 GDP 比重、固定资产投资额占 GDP 比重、财政收入增长速度、进出口总额增长速度、社会消费品零售总额增长速度 | GDP、第二产业增加值、第三产业增加值、规模以上工业增加值、战略性新兴产业产值、固定资产投资额 |
| 亳州市 | 十二月份金融机构贷款余额、第三产业增加值占 GDP 比重、GDP 增长速度、第二产业增加值名义增长速度、第三产业增加值名义增长速度、规模以上工业增加值增长速度 | GDP、第二产业增加值、第三产业增加值、规模以上工业增加值、战略性新兴产业产值、固定资产投资额 |
| 宿州市 | GDP、第三产业增加值、第三产业增加值占 GDP 比重、GDP 增长速度、第二产业增加值名义增长速度、第三产业增加值名义增长速度 | 第二产业增加值、规模以上工业增加值、战略性新兴产业产值、固定资产投资额、社会消费品零售总额、财政收入 |
| 蚌埠市 | GDP、第二产业增加值、第三产业增加值、规模以上工业增加值、战略性新兴产业产值、固定资产投资额 | 工业用电量、第二产业增加值占 GDP 比重、进出口总额占 GDP 比重、GDP 增长速度、财政收入增长速度、进出口总额增长速度 |
| 阜阳市 | GDP、第二产业增加值、第三产业增加值、规模以上工业增加值、固定资产投资额、社会消费品零售总额 | 战略性新兴产业产值、进出口总额、第二产业增加值占 GDP 比重、第三产业增加值占 GDP 比重、规模以上工业增加值占 GDP 比重、战略性新兴产业产值占 GDP 比重 |

（续表）

| 地　区 | 资　产 | 负　债 |
|---|---|---|
| 淮南市 | 社会消费品零售总额、第二产业增加值占 GDP 比重、人均零售额、城镇常住居民人均可支配收入、战略性新兴产业产值增长速度、进出口总额增长速度 | GDP、第二产业增加值、第三产业增加值、规模以上工业增加值、战略性新兴产业产值、固定资产投资额 |
| 滁州市 | GDP、第二产业增加值、第三产业增加值、规模以上工业增加值、战略性新兴产业产值、固定资产投资额 | 第三产业增加值占 GDP 比重、人均 GDP、人均零售额、城镇常住居民人均可支配收入、农村常住居民人均可支配收入、进出口总额增长速度 |
| 六安市 | 社会消费品零售总额、十二月份金融机构贷款余额、第三产业增加值占 GDP 比重、第三产业增加值名义增长速度、规模以上工业增加值增长速度、固定资产投资增长速度 | GDP、第二产业增加值、第三产业增加值、规模以上工业增加值、战略性新兴产业产值、固定资产投资额 |
| 马鞍山市 | GDP、第二产业增加值、第三产业增加值、规模以上工业增加值、战略性新兴产业产值、固定资产投资额 | 社会消费品零售总额、十二月份金融机构贷款余额、第三产业增加值占 GDP 比重、财政收入占 GDP 比重、第二产业增加值名义增长速度、第三产业增加值名义增长速度 |
| 芜湖市 | GDP、第二产业增加值、第三产业增加值、规模以上工业增加值、战略性新兴产业产值、固定资产投资额 | 固定资产投资额占 GDP 比重、GDP 增长速度、第二产业增加值名义增长速度、规模以上工业增加值增长速度、战略性新兴产业产值增长速度、固定资产投资增长速度 |
| 宣城市 | 战略性新兴产业产值、固定资产投资额、财政收入、进出口总额、工业用电量、第二产业增加值占 GDP 比重 | GDP、第二产业增加值、第三产业增加值、规模以上工业增加值、社会消费品零售总额、十二月份金融机构贷款余额 |
| 铜陵市 | 第二产业增加值、规模以上工业增加值、战略性新兴产业产值、进出口总额、工业用电量、第二产业增加值占 GDP 比重 | GDP、第三产业增加值、固定资产投资额、社会消费品零售总额、财政收入、十二月份金融机构贷款余额 |

（续表）

| 地 区 | 资 产 | 负 债 |
| --- | --- | --- |
| 池州市 | 第三产业增加值占GDP比重、固定资产投资额占GDP比重、进出口总额占GDP比重、人均GDP、农村常住居民人均可支配收入 | GDP、第二产业增加值、第三产业增加值、规模以上工业增加值、战略性新兴产业产值、固定资产投资额 |
| 安庆市 | GDP、第二产业增加值、第三产业增加值、规模以上工业增加值、战略性新兴产业产值、固定资产投资额 | 第三产业增加值占GDP比重、战略性新兴产业产值占GDP比重、固定资产投资额占GDP比重、进出口总额占GDP比重、人均GDP、人均财政收入 |
| 黄山市 | 第三产业增加值占GDP比重、战略性新兴产业产值占GDP比重、进出口总额占GDP比重、人均GDP、人均财政收入、人均零售额 | GDP、第二产业增加值、第三产业增加值、规模以上工业增加值、战略性新兴产业产值、固定资产投资额 |

从表4-5可知，尽管从一级指标的资产负债分析来看，皖江城市带中的合肥、芜湖、马鞍山这些主要城市在经济规模、经济结构、经济效益等方面均具有发展的优势，从二级指标的资产负债分析来看，芜湖、马鞍山的经济结构要优于合肥；皖北地区为扭转经济规模偏小的局面，这几年经济成长性显著增强，蚌埠、阜阳经济结构的调整也获得了显著成效。同理，从表4-5中也可以直观看出其他各市经济发展的相对优势与劣势。

## 四、近五年安徽各市经济发展水平综合比较

为了说明各市在安徽经济发展中的地位，我们对近五年（2014—2018年）安徽各市的经济发展状况也进行了排名，通过比较“十三五”初期、“十三五”中期与“十二五”后期各市经济发展排名的变化，了解安徽区域经济发展的走势。

首先给出2014—2018年安徽各市经济发展水平组合评价得分及排名，见表4-6所列。

表 4-6　2014—2018 年安徽各市经济发展水平组合评价得分及排名

| 地　区 | "十二五"后期 | | | | "十三五"初期、中期 | | | | | |
|---|---|---|---|---|---|---|---|---|---|---|
| | 2015 年 | | 2014 年 | | 2018 年 | | 2017 年 | | 2016 年 | |
| | 评价得分 | 名次 | 评价得分 | 名次 | 评价得分 | 名次 | 评价得分 | 名次 | 评价得分 | 名次 |
| 合肥市 | 16.00 | 1 | 16.00 | 1 | 16.00 | 1 | 16.00 | 1 | 16.00 | 1 |
| 淮北市 | 3.67 | 13 | 6.33 | 10 | 2.00 | 15 | 3.00 | 14 | 1.33 | 16 |
| 亳州市 | 9.33 | 7 | 2.67 | 15 | 8.33 | 8 | 7.00 | 9 | 7.00 | 10 |
| 宿州市 | 7.67 | 10 | 4.67 | 12 | 5.00 | 13 | 5.00 | 13 | 4.67 | 12 |
| 蚌埠市 | 13.67 | 3 | 13.67 | 3 | 10.33 | 7 | 13.00 | 4 | 12.67 | 4 |
| 阜阳市 | 11.00 | 6 | 8.33 | 9 | 11.67 | 5 | 11.67 | 5 | 10.00 | 7 |
| 淮南市 | 1.00 | 16 | 1.00 | 16 | 1.00 | 16 | 2.00 | 15 | 2.00 | 15 |
| 滁州市 | 12.00 | 5 | 9.33 | 8 | 12.67 | 4 | 11.33 | 6 | 12.33 | 5 |
| 六安市 | 3.67 | 14 | 3.33 | 14 | 5.33 | 12 | 7.00 | 9 | 3.67 | 14 |
| 马鞍山市 | 9.00 | 8 | 10.00 | 7 | 14.00 | 3 | 13.67 | 3 | 14.00 | 3 |
| 芜湖市 | 15.00 | 2 | 15.00 | 2 | 15.00 | 2 | 15.00 | 2 | 15.00 | 2 |
| 宣城市 | 7.67 | 9 | 10.33 | 6 | 11.33 | 6 | 9.67 | 7 | 9.33 | 8 |
| 铜陵市 | 13.33 | 4 | 13.33 | 4 | 5.67 | 11 | 9.00 | 8 | 10.67 | 6 |
| 池州市 | 5.67 | 11 | 6.33 | 11 | 3.00 | 14 | 1.00 | 16 | 5.67 | 11 |
| 安庆市 | 5.33 | 12 | 12.00 | 5 | 8.00 | 9 | 6.00 | 11 | 7.33 | 9 |
| 黄山市 | 2.00 | 15 | 3.67 | 13 | 6.67 | 10 | 5.67 | 12 | 4.33 | 13 |

为了直观反映表 4-6 中的信息，分别绘制各年度的条形图和雷达图，以便对安徽各市的经济发展水平进行分析，如图 4-7、图 4-8 所示。

条形图（图 4-7）中的信息显示，2018 年排名前三强的城市都来自皖江城市带，合肥、芜湖历年来一直保持领先地位，保持了与"十二五"时期一样的格局；由于较强的经济成长性以及这两年来在经济结构上的优化带来的经济效益的提升，马鞍山在全省经济发展中的优势地位再次凸显，近五年一直位于全省前列。

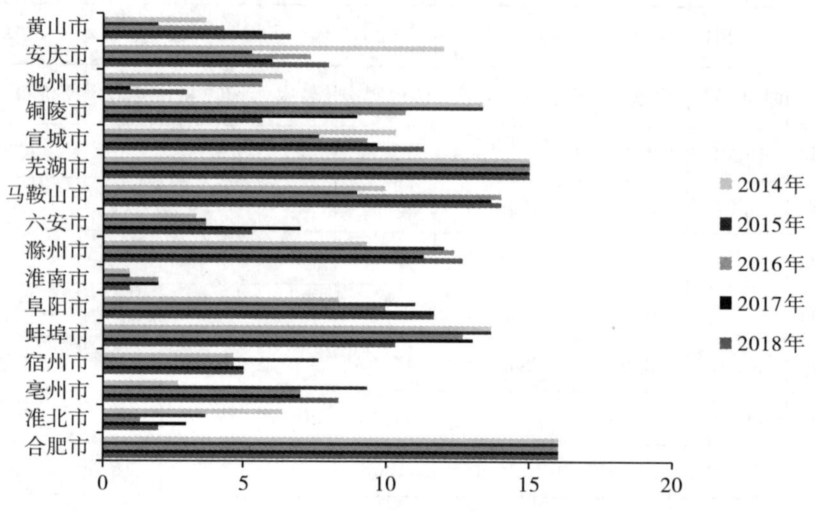


图 4-7　2014—2018 年安徽各市经济发展水平综合得分条形图

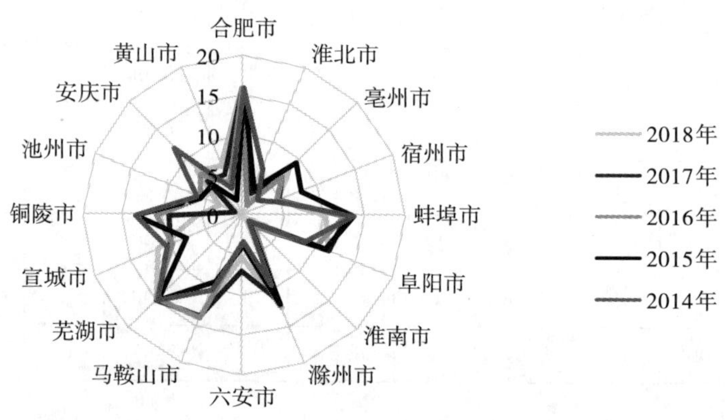


图 4-8　2014—2018 年安徽各市经济发展水平综合得分雷达图

“十二五”时期是省会合肥高速发展的时期，自 2011 年 8 月 22 日，原地级巢湖市的居巢区、庐江县并入后，合肥的地理格局、经济布局、资源禀赋获得了战略性的提升，城市地位在全国日显突出。“十三五”初期，合肥经济圈正在向合肥都市圈升级，努力成为全省核心增长极乃至全国有重要影响力的区域增长极。践行五大发展理念，

2018 年合肥外向型经济实现跨越式发展。工业结构优，“压舱石”作用凸显。全年，工业实现增加值 2862.5 亿元，增长 11.1%；其中规模以上工业增长 11.3%。规模以上工业中，战略性新兴产业产值增长 13.1%。其中，新一代信息技术产业增长 21.7%，新材料产业增长 17.2%，生物产业增长 13.8%，节能环保产业增长 15%。新产品产量快速增长，新能源汽车产量增长 1.1 倍，微型计算机设备增长 28.4%，太阳能电池增长 17.9%。

与此同时，芜湖经济发展质效提升，主要经济指标增幅高于全国和全省，经济发展的同时，产业结构不断优化。分产业看，第一产业实现增加值 133.03 亿元，增长 3.1%；第二产业实现增加值 1710.64 亿元，增长 8.6%；第三产业实现增加值 1434.86 亿元，增长 8.5%。工业生产效益同步提升。全年全市规模以上工业增加值增长 8.8%。其中，汽车及零部件、材料、电子电器和电线电缆四大支柱产业增加值增长 6.9%；战略性新兴产业增加值增长 11.8%。主要产品产量同比增加。其中，机器人、新能源汽车、锂离子电池等主要产品产量增幅在 20%以上。全市规模以上工业企业主营业务收入的利润率为 6.5%。

进入“十三五”中期，尽管外界经济波动，皖北的蚌埠和阜阳在全省的经济地位有所上升。2018 年，蚌埠实现地区生产总值 1714.7 亿元，按可比价格计算，比上年增长 8.5%，高于全省 0.5 个百分点。增速、位次同步回升。GDP 增速由上半年的 7.2%提升至前三季度的 8.2%，全年达 8.5%，居全省位次也由上半年的 11 位提升至前三季度的第 9 位，全年跃居第 4 位。三次产业齐头并进。第一产业增长 3.5%，高于全省 0.3 个百分点；第二产业增长 9.2%，高于全省 0.7 个百分点；第三产业增长 9.4%，高于全省 0.8 个百分点。经济结构持续优化。第一、第二、第三产业占 GDP 比重由上年的 13.2∶43.9∶42.9 调整为 12.1∶44.5∶43.4，第二、第三产业合计占比达 87.9%，同比提高 1.1 个百分点。固定资产投资增速为 14%，高于全省平均水平 2.2 个百分点，居全省第 7 位。

2018 年，阜阳市投资需求加速释放增活力。2018 年，全市固定资产投资增长22.1%，高于全省10.3个百分点。民间投资增长29.4%，高于全省10.9个百分点。工业投资增长29.5%，高于全省4.7个百分点。商合杭高铁、郑阜高铁、阜阳北站扩能工程等项目建设扎实推进。全市基础设施投资增长38.9%，高于全省31.9个百分点，增速全省第一。虽面临诸多困难和挑战，但阜阳市有着更多的机遇和优势，既有人力资源、市场潜力、交通区位、资源禀赋等比较优势，又有国家推进长三角一体化发展、淮河生态经济带建设和安徽省加快皖北振兴等政策机遇。同时，随着"高铁时代"的到来，人口消费红利、经济周期潜力、科技革命产业变革动能的加速释放，"飞轮效应"的充分显现，必将为新一轮的跨越式发展注入强大动力。

雷达图（图4-8）中的安徽各市经济发展状况显示，合肥、芜湖近五年一直领跑安徽经济，区域内部各市间的经济发展差距显现。皖江示范区，马鞍山、滁州的经济地位提升，铜陵、宣城经济增速放缓，池州和安庆落后；皖北地区，蚌埠、阜阳的经济地位显著提升，但阜阳的经济增速放缓，蚌埠经济在战略性新兴产业的带动下，经济规模持续扩大、经济结构显著改善、经济效益明显提升；伴随蚌埠和阜阳的经济地位快速上升，亳州和宿州的工业转型效益显现；黄山、六安经济优势不甚显著；淮南、淮北的经济发展仍旧属于落后状态。结合雷达图（图4-8），我们将安徽各市经济发展水平综合分类，见表4-7所列。

表4-7 安徽各市经济发展水平综合分类

| 分类 | "十二五"后期 | "十三五"初期、中期 | 经济发展状况 |
|---|---|---|---|
| | 地区 | 地区 | |
| 第一类 | 合肥、芜湖、蚌埠、铜陵 | 合肥、芜湖、马鞍山、蚌埠 | 经济发展优势突出 |
| 第二类 | 滁州、阜阳、亳州 | 铜陵、滁州、安庆、阜阳 | 经济优势比较明显 |
| 第三类 | 马鞍山、宣城、宿州 | 宿州、亳州、宣城 | 经济发展水平中等 |
| 第四类 | 池州、安庆、淮北、六安、黄山、淮南 | 六安、淮南、淮北、黄山、池州 | 经济发展水平较低 |

综合以上研究结果可以发现，皖北地区抓住发展战略性新兴产业

的有利时机，加快产业转型，已经呈现明显的赶超局面，皖北蚌埠、阜阳的经济发展状况均不同程度地提升，蚌埠已跃居第一梯队，阜阳也提升到第二梯队。而皖江城市带中的马鞍山，在“十三五”开局之年抓住机遇，加速发展，上升至第一梯队，为安徽省多元化的经济发展做出示范带头作用。

# 第五章　安徽战略性新兴产业竞争力评价

自 2012 年国务院发布《国务院关于加快培育和发展战略性新兴产业的决定》以来，我国战略性新兴产业不负众望，快速发展。至“十二五”末，七大战略性新兴产业增加值占 GDP 比重达到 8%左右，顺利完成既定目标。与此同时，战略性新兴产业领域涌现了大批新技术、新产品、新业态、新模式，创造了大量就业岗位，成为稳增长、促改革、调结构、惠民生的有力支撑。

2016 年 12 月 19 日，国务院发布了《“十三五”国家战略性新兴产业发展规划》，对“十三五”时期我国战略性新兴产业发展目标、重点任务、政策措施等做出全面部署。随后，安徽省政府办公厅印发了《安徽省战略性新兴产业“十三五”发展规划》，提出扩大开放、整合优势资源，培育龙头、强化引领带动，强化创新、提升核心竞争力，夯实基础、提高保障能力，深化改革、破除体制机制障碍，推进双创、打造发展新引擎等六项推进举措；计划到 2020 年，战略性新兴产业总产值翻番，力争达到 2 万亿元，创新型现代产业体系初步形成。本章从产业规模、产业政策、产业布局、产业结构和国际贸易五个维度阐述安徽战略性新兴产业的发展情况。

## 一、安徽战略性新兴产业发展的基本情况

### （一）战略性新兴产业的子行业涵盖

安徽省在《“十二五”国家战略性新兴产业发展规划》的指引下，确定了本地区重点发展节能环保产业、信息技术产业、生物产业、新能源汽车、新能源产业、高端装备制造业、新材料产业、公共安全等八大产业。

节能环保产业主要包括循环经济、资源节约和环境保护等领域的基本设备和技术。在这一领域，开发了资源综合利用、节能产业和环境保护产业。

信息技术产业是指智能转换的原始信息网络和基础设施和服务的开发和利用信息技术和设备，主要包括互联网、移动支付、软件产业和网络行业等。目前，中国的新一代信息技术产业重点发展新一代通信网络、三家网络融合、新的平板显示器、物联网、高性能集成电路和以云计算为代表的高端软件。

生物产业主要包括生物学的内容和功能方面的研究，最终以产品的形式为社会提供物质支持，其发展是以先进的生物技术和其他先进的科学技术为基础的。目前，生物产业的发展主要集中在医药制造、现代中药、生物农药和生物育种等相关产业。

新能源汽车主要是指除传统柴油和汽油以外的各种燃料使用车辆，目前主要包括太阳能汽车、混合动力汽车和电动汽车。与传统汽车相比，新能源汽车的空气污染较低，能耗较低，应大力推广。新能源汽车产业的发展主要集中在新能源汽车制造、锂电池制造等方面。

新能源产业指的是不同于传统的常规能源，如煤炭、石油等化石能源的各种能源，包括风能、水力发电、太阳能、生物质能、地热能等可再生能源以及核能、氢等非化石能源；它还包括清洁能源和绿色能源，从传统的化石燃料出发进行技术变革。其共同特点是资源丰富、可再生、无污染或污染少。目前，新能源产业主要包括太阳能产业、风能产业和生物质能产业。新能源产业的重点是太阳能光伏设备和太阳能利用、核能、风能、生物质能和智能电网。

高端装备制造业是指技术上处于高端、处于产业链核心地位的先进制造领域。其主要特点是高附加值、高技术、高资本，高端装备制造业的发展水平代表着一个国家的整体竞争力。高端装备制造业的重点发展领域包括轨道交通设备制造、航空航天制造、海洋工程和智能设备制造。

新材料产业主要包括新发明和新发现，具有不同于传统材料的特殊特征，或在原有材料的基础上通过一定的加工方法，通过向新材料转变来提高其性能。目前，我国新材料产业的重点是发展纳米材料、超导材料和电子信息材料。

（二）产值及增长情况

通过图 5 - 1 可以看出，2008—2018 年，安徽省战略性新兴产业的产值分别为 1772.7 亿元、1820 亿元、2504 亿元、4132.1 亿元、5094.1 亿元、6865.4 亿元、8378.9 亿元、8921 亿元、10161.3 亿元、12335.8 亿元、14321.9 亿元。2009—2018 年的同比增速分别为 2.7%、37.6%、65%、23.3%、34.8%、22%、6.5%、13.9%、21.4%、16.1%，2010—2014 年的增长率均超过了 20%。虽然 2015 年的增长率低于前几年，但之后几年的增长率显著提升，几乎呈直线增长的态势，其中 2017 年的增长率比上年增加了 7.5 个百分点，2018 年的增长率为 16.1%，比 2017 年稍有下降。

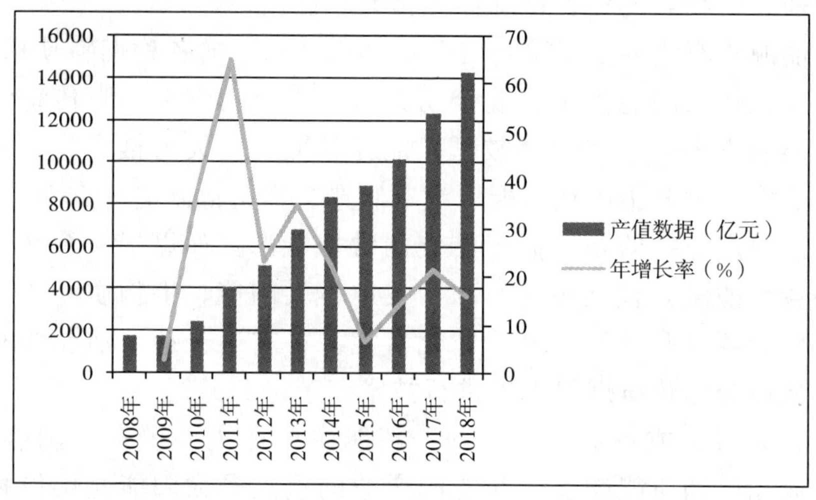


图 5-1 安徽省战略性新兴产业的产值与年增长率

分季度来看，2018 年季度同比增速略有降低，一季度增速为 15.3%；上半年增速为 13.6%，比一季度下降了 1.7 个百分点；前三季度增速为 13%，比上半年下降了 0.6 个百分点，2018 年的增长率为 16.1%，如图 5-2 所示。

图 5-3 为安徽省战略性新兴产业的月度数据及增长率，从月度数据可以看出 2018 年的安徽省战略性新兴产业产值基本处于稳定状态，1—2 月份的战略性新兴产业产值同比增长 17.3%；3 月份的战略性新兴产业产值同比增速有所降低，增速为 12.5%，比 1—2 月份降低了 4.8 个百分点；4 月份战略性新兴产业产值的同比增速有所回落，为 11.8%，比 3 月份降低了 0.7 个百分点；5 月份的战略性新兴产业产值的同比增

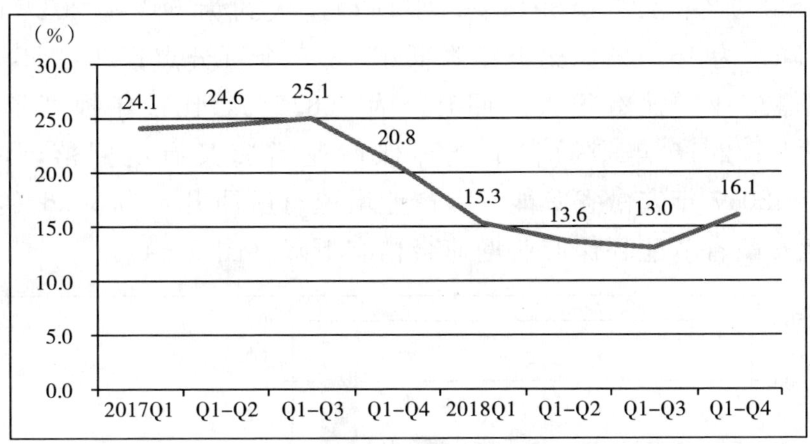


图 5－2　安徽省战略性新兴产业产值季度同比增长率

速又有所回升，为 12%，比 4 月份增加了 0.2 个百分点；6、7 月份的战略性新兴产业产值的增速分别为 12.5%、11.4%，8、9 月份增速平稳，分别为 11.9%、12.5%，相比上个月分别提高了 0.5 和 0.6 个百分点。

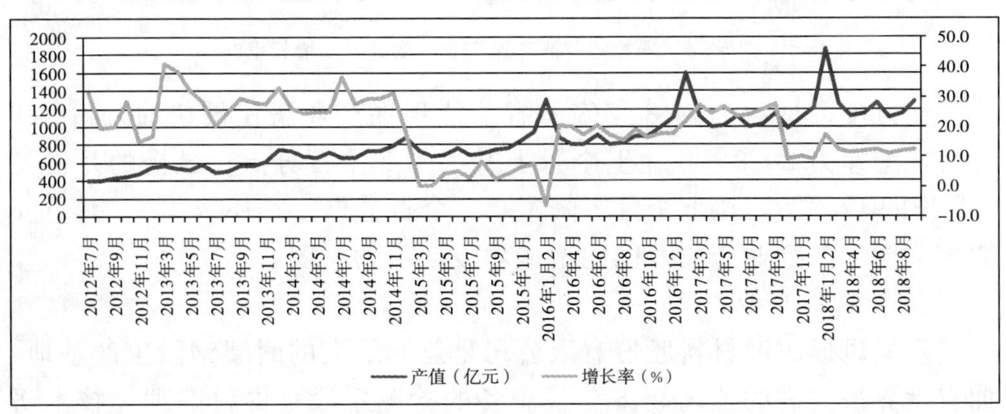


图 5－3　安徽省战略性新兴产业月度数据及增长率

## （三）各产业发展情况

### 1. 节能环保产业

2008 年以来，节能环保产业在政策的带动下，延续了良好的发展势头。安徽省节能环保产业总产值从 2011 年的 229.4 亿元增长至 2017 年的 2130.35 亿元，其中 2011—2013 年安徽省节能环保产业同比增速分别为 50.9%、42%、59.8%，平均增速大约为 50%；2014 年增速有所下降，为 16.3%，比上年降低了 43.5 个百分点；2015 年安徽省节能环保产业增速有很大的回升，为 168.2%，比上年提高了 151.9 个百分点；2016 年安徽省节能环保产业增速又有所回落，增速为 −3.9%。2017 年安徽省节能环保产业增速有所回升，为 36.6%，预计 2018 年安徽省节能环保产业增速会稍有下降（图 5－4）。

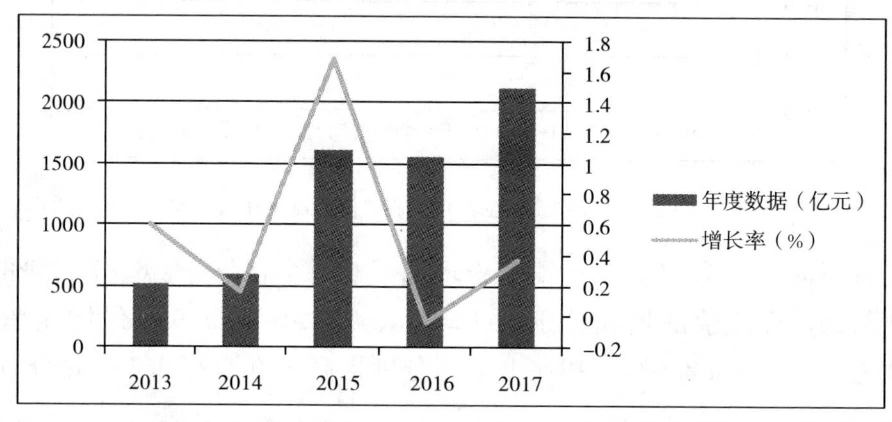


图 5－4 安徽省节能环保产业年度数据及增长率

从月度数据看，2018 年安徽省节能环保产业增速最快的月份是 9 月份，增速为 20.9%，比上个月上升了 1.2 个百分点；最慢的月份是 7 月份的 17.3%，比上个月下降了 0.7 个百分点；2018 年 3—9 月份安徽省节能环保产业产值及同比增速均波动不大（图 5－5）。

2. 新材料产业

安徽凤形耐磨材料股份有限公司是亚洲最大的耐磨钢段生产基地，拥有世界最先进的工艺装备和最完备的检测手段；中科院理化技术研究所旗下的中科铜都粉体新材料股份有限公司是国内首家能生产系列银粉的企业。

近年来，安徽省新材料产业的发展潜力不断被发掘，专业化程度不断提高。从年度数据来看（图 5－6），2010—2017 年安徽省新材料产业总产值不断增加，从 2010 年的 571.9 亿元增长到了 2645.12 亿元。2011 年安徽省新材料产业同比增速为 55.6%；2012 年增速大幅度下降，为 14.3%，降低了 41.3 个百分点；2013 年安徽省新材料产

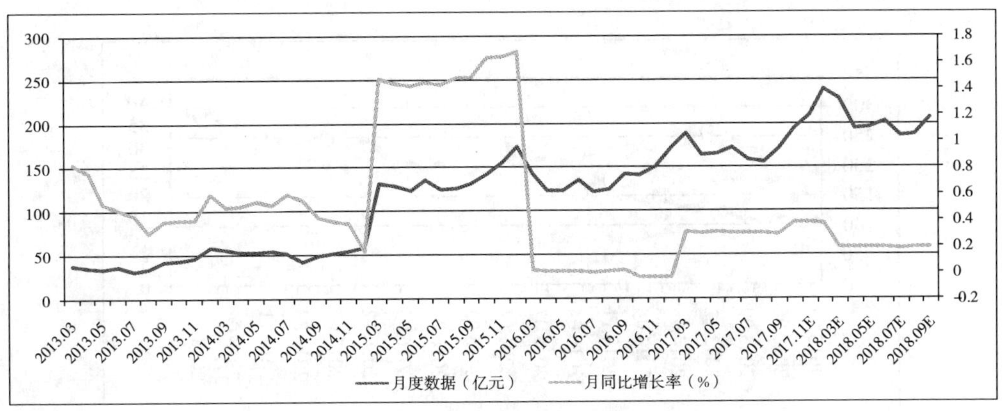


图 5-5 安徽省节能环保产业月度数据及月同比增长率

业增速有所回升，为 38.1%，比上年增加了 23.8 个百分点；而 2014—2017 年的增速连续下降，分别为 22.8%、19.7%、13.4%、13.01%。

从月度数据来看（图 5-7），2018 年 3—9 月份的安徽省新材料产业月度产值及同比增速波动较小，总体呈现上升趋势。3 月份安徽省新材料产业同比增速为 12.9%；4 月份增速稍有上升，为 14.07%；5 月份安徽省新材料产业增速稍有降低，为 13.64%；6 月份增速又稍微升高，为 13.8%，降低了 3.6 个百分点；7、8、9 月份安徽省新材料产业增速相当，分别为 14.40%、14.48%、15.8%。

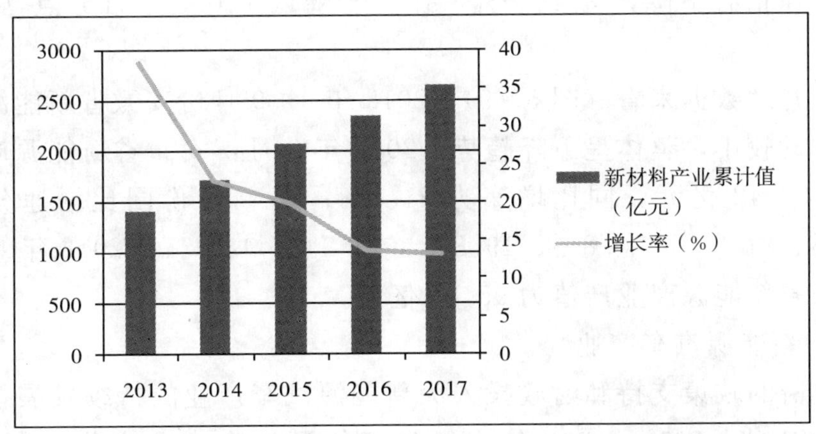


图 5-6 安徽省新材料产业年度数据及增长率

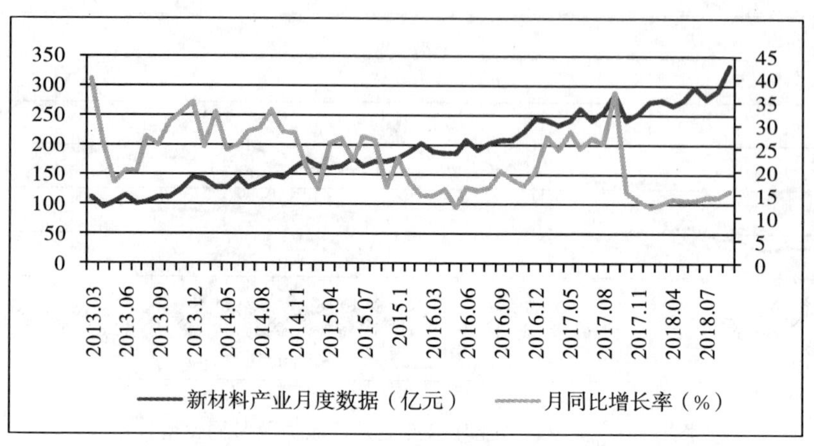


图 5－7　安徽省新材料产业月度数据及月同比增长率

3. 新能源产业

近几年，中国新能源产业得到了迅速发展。2010—2017 年，安徽省新能源产业从 90.6 亿元增长到 911.55 亿元。其中 2013 年安徽省新能源产业增速约是上年的两倍，为 14.1%；2014 年安徽省新能源产业增速有大幅度提高，为 35.9%；2015 年增速有所回落，为 32.8%，比上年降低了 3.1 个百分点；2016 年安徽省新能源产业增速快速下降，为 19.5%，比上年降低了 13.3 个百分点；2017 年安徽省新能源产业增速稍有下降，为 18.9%，比上年降低了 0.6 个百分点（图 5－8）。

从月度数据来看（图 5－9），2018 年 3—9 月份安徽省新能源产业产值波动较小，整体呈下降趋势。2018 年 3 月，安徽省新能源产业产值为 109.42 亿元，同比增速为 21.8%；4—9 月份同比增速分别为 21.4%、21.2%、20.8%、19.8%、18.8%、18.1%；2018 年 9 月份的安徽省新能源产业产值为 95.05 亿元。

4. 新能源汽车产业

政府的政策支持和财政投入为新能源汽车产业的持续发展打下了坚实的基础。2010—2017 年安徽省新能源汽车产业产值不断增加，2011 年安徽省新能源汽车产业产值为 5.2 亿元；2012 年增加至 17.2

亿元，增速为230.8%；2013—2014年安徽省新能源汽车产业增速连续下降，分别为97.7%、40.9%；产值分别为34亿元、47.9亿元；2015年安徽省新能源汽车产业增速大幅度上升，为669.5%，产值为368.6亿元；2016年增速快速下降，为39.3%，产值为513.6亿元；2017年增速又回升至75.3%，产值为900.43亿元（图5-10）。

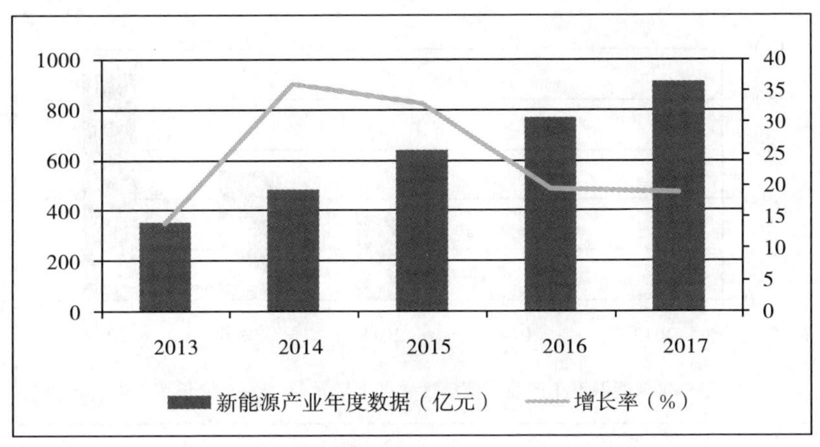


图5-8　安徽省新能源产业年度数据及增长率

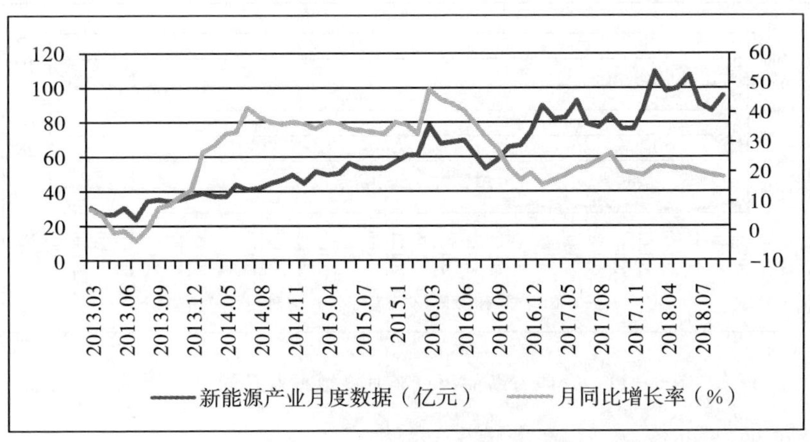


图5-9　安徽省新能源产业月度数据及月同比增长率

从月度数据来看（图5-11），2018年3—9月份安徽省新能源汽车产业产值波动较小。3月份的安徽省新能源汽车产业产值为89.23亿元，同比增速为47.5%；4月份增速稍有提高，为48.2%，比上个月提高了 0.7 个百分点；5 月份安徽省新能源汽车产业增速有所下降，为 45.1%，比上个月降低了 3.1 个百分点；6、7 月份增速分别为 48.8%、46.4%；8 月份安徽省新能源汽车产业增速又开始回升，为 53.3%，比上个月增长了 6.9 个百分点；9 月份增速稍微下降，为 52.3%，比上个月降低了 1 个百分点，产值为 95.35 亿元。

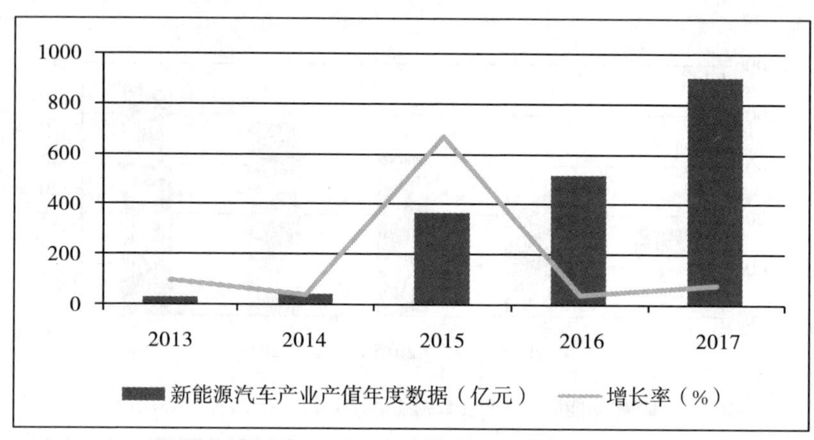


图 5－10　安徽省新能源汽车产业产值年度数据及增长率

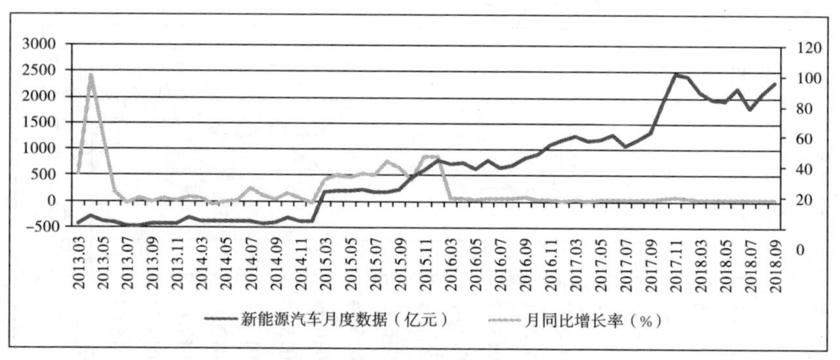


图 5－11　安徽省新能源汽车月度数据及月同比增长率

5. 生物产业

2010—2017 年的安徽省生物产业保持较快增长，效益较好。2010 年安徽省生物产业产值为 433.4 亿元，2011 年同比增速为 36.5%；2012 年增速有所下降，为 17.6%，比上年降低了 18.9 个百分点；2013 年安徽省生物产业增速有所回升，为 21.0%；2014、2015 年增速连续下降，分别为 12.1%、6.2%；2016 年安徽省生物产业增速有所提高，为 14%，产值为 1142.3 亿元；2017 年安徽省生物产业增速下降，为 7.2%，产值为 1225.05 亿元（图 5－12）。

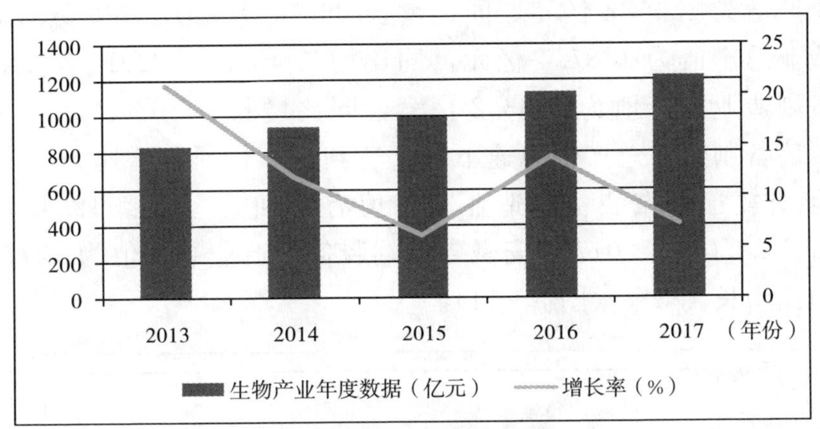


图 5－12　安徽省生物产业年度数据及增长率

从月度数据来看（图 5－13），2018 年 3—9 月份安徽省生物产业增速平稳。3 月份安徽省生物产业增速为 12.1%，产值为 136.65 亿元；4、5、6 月份增速分别为 10.4%、10.4%、12.4%；7 月份安徽省生物产业增速有所下降，为 11.0%，比上个月降低了 1.4 个百分点；8 月份增速又稍有提高，为 11.8%；9 月份安徽省生物产业增速有所回落，为 11.5%，产值为 133.3 亿元。

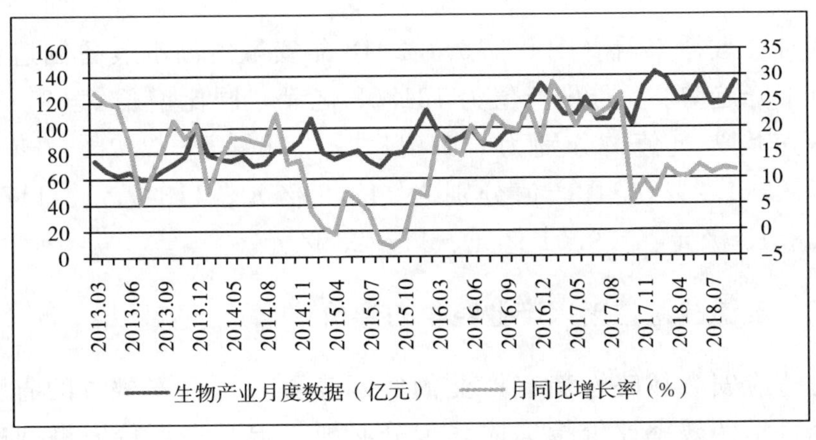


图 5－13　安徽省生物产业月度数据及月同比增长率

6. 高端装备制造业

2010—2014 年安徽省高端装备制造业发展迅速，2011 年安徽省高端装备制造业总产值为 1066.6 亿元；2012 年安徽省高端装备制造业累计总产值为 1345.2 亿元，同比增长 26.1%；2013 年安徽省高端装备制造业总产值为 1887.4 亿元，同比增长 40.3%；2014 年安徽省高端装备制造业总产值为 2163.2 亿元，同比增长 14.6%。2015 年安徽省高端装备制造业总产值急速下降，达到 928 亿元，增速为−57.1%；2016 年安徽省高端装备制造业总产值有所回升，达到 1224.9 亿元，同比增长 32.0%，2017 年安徽省高端装备制造业总产值为 1277.25 亿元，同比增长 4.3%（图 5－14）。

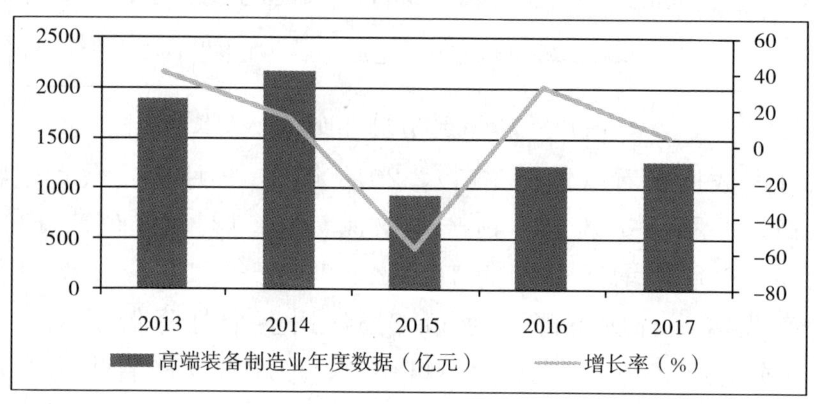


图 5－14　安徽省高端装备制造业年度数据及增长率

从月度数据来看（图 5－15），2018 年安徽省高端装备制造业产值数据有下降趋势：3 月份产值为 131.02 亿元，同比增长 0.63%；4—9 月份增速均为负值，分别为−1.9%、−0.6%、−2.0%、−2.7%、−1.5%、−1.2%，当月产值分别为 117.8 亿元、118 亿元、117.83 亿元、108.15 亿元、109.01 亿元、117.23 亿元。

## 二、安徽战略性新兴产业竞争力评价

为适应安徽战略性新兴产业的实际需要，结合安徽省的省情，建立一套科学的效率评价指标体系十分必要。但是在评价安徽战略性新兴产业的竞争力过程中，竞争力的影响因素不仅包括定量指标，还包

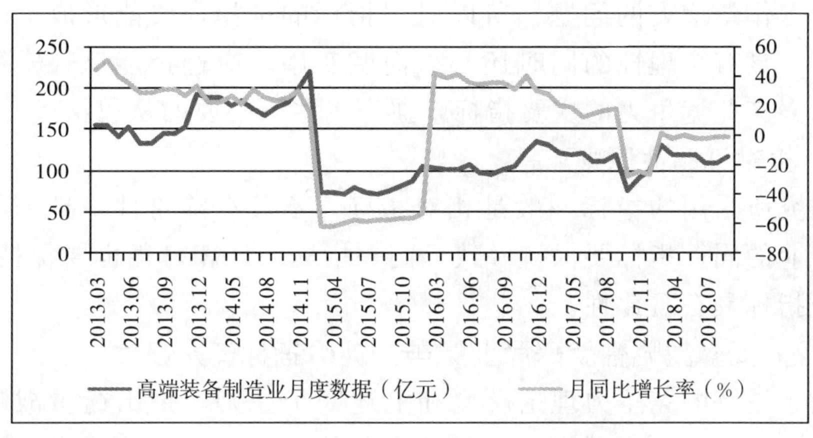


图 5－15　安徽省高端装备制造业月度数据及月同比增长率

括定性指标，因此在建立安徽战略性新兴产业指标体系的过程中必须遵从一定的原则。

（一）评价指标体系的设计目的和原则

评价指标体系是由多个指标构成的相互联系的统计指标群，而对战略性新兴产业竞争力进行评价也是一项客观性、科学性很高的工作，所以必须要全面、客观、准确地建立评价指标体系。为确保有效性，建立评价指标体系时，主要遵循以下几项原则：

1. 科学客观性原则

在对安徽省战略性新兴产业竞争力进行评价时，对于评价指标的选择要准确，每一个指标能科学地反映出其竞争力的一个方面。在筛选评价指标的过程中，尽可能地不受主观因素的影响，客观地分析所选指标的经济含义，科学客观地进行取舍。

2. 可行性原则

对于评价指标的选择一定要遵循可行性原则，设计指标的目的就是要切实可行地对安徽省战略性新兴产业竞争力进行客观的评价，要尽可能地采用有数据支撑的指标，而数据不易得到的指标则不宜采用。

3. 简明性原则

从理论上来说，设置的指标越多越细越全面，反映的客观现实则越准确。但指标分得过细，难免会出现指标间重叠、数据收集和加工处理的工作量增大的问题，所以对于指标的选择，要能形成一个完整的体系，具有合理性的同时还必须简明实用。应选择能反映安徽省战略性新兴产业竞争力的主要指标，摒弃一些不必要的从属指标。

4. 相对可比性原则

研究所采用的指标一般是相对指标，不具有绝对性。且不同地区同一产业的同一指标要保持一致，同一指标的计算口径也要保持一致，以保证指标具有可比性。

（二）安徽战略性新兴产业竞争力评价指标体系设计

基于波特的竞争力理论模型和上述四个原则，挑出衡量战略性新兴产业竞争力的四个因素：市场因素（战略性新兴产业需求和要素供给）、科技支持因素（人力资本因素、科研投入等）、空间因素（基础设施、人口密度、经济集聚等）、政府支持因素（财政支出等）。构建战略性新兴产业竞争力评价模型，使用均值化方法对各指标数值进行无量纲化处理，分别采用主成分分析法、熵值法确定各影响因素的得分及相应权重，并求得各省战略性新兴产业竞争力的综合得分，对 2014—2016 年安徽省战略性新兴产业的竞争力状态进行量化考察和分析。为了有更好的对比，本书选取了 2014—2016 年中部六省中其他五省的相应指标作为对比样本，从而对安徽省战略性新兴产业在中部地区的竞争力有更充分的了解。

国内外相关学者认为，对一国或地区的产业竞争力影响最为直接也是最大的因素如下：生产要素、需求条件、相关和支持性产业及企业战略、结构和同业竞争。由此，本书构建了战略性新兴产业竞争力评价模型。在该模型中，不同区域内的战略性新兴产业的竞争力差异主要取决于以下几个因素：

市场因素：对战略性新兴产业的需求，包括开放条件下制造业和生产者服务以及战略性新兴产业内部的需求；战略性新兴产业要素的供给，金融资本特别是高级人力资本的供给。

科技因素：包括技术供给、知识产权保护力度。

空间因素：交通、城市发展、地理集聚等。

制度因素：包括政府财政能力、市场化因素等。

构建的模型包含以上因素的原因在于，为了形成某区域的战略性新兴产业竞争力，就要满足如下的条件：先进制造业和高端生产者要拥有大量的需求；战略性技术的持续创新，人力资本特别是高级人力资本要有足够的供给；便捷的交通，巨大的城市发展潜力和良好的发展前景，其中包含良好的制度环境因素等。

战略性新兴产业竞争力不是单一的概念，但是指标体系的选取不可能穷尽，所以需要选取能够主要反映战略性新兴产业竞争力内容的指标，见表 5-1 所列。

**表 5-1　战略性新兴产业竞争力评价模型指标构成**

| 总指标 | 决定因素 | 基础指标 | 计量单位 | 指标属性 |
|---|---|---|---|---|
| | | | | 正指标 |
| 战略性新兴产业竞争力 | 市场因素 | 第二产业占 GDP 比重 | — | √ |
| | | 第三产业占 GDP 比重 | — | √ |
| | | 进出口总额占 GDP 比重 | — | √ |
| | | 存款总额占 GDP 比重 | — | √ |
| | | 贷款总额占 GDP 比重 | — | √ |
| | 科技因素 | 人力资本因素 | 年 | √ |
| | | 科技支出占 GDP 比重 | — | √ |
| | | 知识产权保护力度 | — | √ |
| | 空间因素 | 公路密度（公路里程/面积） | 千米/平方千米 | √ |
| | | 铁路密度（铁路里程/面积） | 千米/平方千米 | √ |
| | | 人口密度（人口/面积） | 人/平方千米 | √ |
| | | 经济密度（GDP/面积） | 万元/平方千米 | √ |
| | 政府因素 | 财政支出占 GDP 比率 | — | √ |
| | | 市场化指数 | — | √ |

从表 5-1 可以看出，培育和发展战略性新兴产业、提升战略性新兴产业竞争力需要营造良好的制造业环境、生产性服务业环境和高层次的人力资本环境，有利于竞争的市场环境以及环境政策、制度环境等。这就需要各区域间基于资源禀赋和发展阶段，在市场化、空间集聚化、科技信息化以及政府支持等方面选择适合自身的发展

路径。

本章主要数据来自历年的《中国统计年鉴》，各省统计年鉴，部分指标直接获得，部分数据需要计算。市场化指数和知识产权保护力度指数的数据来源于《中国市场化指数报告》。人力资本因素，本书通过计算各区域的人均受教育年限来近似代替；在人均受教育年限的核算中，我们将文盲与半文盲、小学、初中、高中、大专及以上人员的学制分别设定为2、6、3、3、3年。

### （三）安徽战略性新兴产业综合评价方法

此次选取具有代表性的两种评价方法——主成分分析法和熵值法，对中部六省战略性新兴产业竞争力进行打分和排序，并比较在不同的评价方法下的各省份战略性新兴产业竞争力排名。

#### 1. 安徽战略性新兴产业竞争力主成分分析

在区域战略性新兴产业竞争力评价的过程中，运用均值化方法对原始数据进行无量纲化处理，然后采用主成分分析法得到主要影响区域间的新兴产业竞争力差异的因素，并求得各区域战略性新兴产业竞争力得分。

首先对每年不同省份的数据进行主成分分析，得到不同主成分对应的特征值、方差贡献率以及成分矩阵。根据主成分提取的准则，累计提取的方差贡献率应大于85%，故得到2014—2016年各指标的四个主成分以及对应的特征值和方差贡献率（表5-2）。

**表5-2 不同年份的主成分对应的特征值和方差贡献率**

| 年份 | 成分 | 初始特征值 | 方差贡献率（%） | 累计解释的总方差（%） |
| --- | --- | --- | --- | --- |
| 2014 | 1 | 5.827 | 41.619 | 41.619 |
| | 2 | 3.539 | 25.277 | 66.895 |
| | 3 | 2.223 | 15.88 | 82.775 |
| | 4 | 1.536 | 10.972 | 93.747 |
| 2015 | 1 | 7.484 | 53.454 | 53.454 |
| | 2 | 2.986 | 21.326 | 74.78 |
| | 3 | 2.1 | 15.001 | 89.782 |
| | 4 | 1.194 | 8.526 | 98.308 |

（续表）

| 年份 | 成分 | 初始特征值 | 方差贡献率（%） | 累计解释的总方差（%） |
|---|---|---|---|---|
| 2016 | 1 | 7.426 | 53.05 | 53.05 |
| | 2 | 3.166 | 22.61 | 75.66 |
| | 3 | 1.853 | 13.24 | 88.9 |
| | 4 | 1.333 | 9.52 | 98.42 |

下面借助 Stata 软件得到 2014—2016 年各指标因子载荷阵，并由此分析各因子所代表的决定因素，见表 5－3、表 5－4 和表 5－5 所列。

**表 5－3　2014 年各指标因子载荷阵**

| | 成分 | | | |
|---|---|---|---|---|
| | 1 | 2 | 3 | 4 |
| Zscore（知识产权保护力度） | 0.167 | 0.827 | 0.324 | 0.215 |
| Zscore（市场化指数） | 0.9 | －0.152 | －0.257 | 0.319 |
| Zscore（人均受教育年限） | －0.582 | 0.635 | 0.059 | －0.42 |
| Zscore（财政支出占 GDP 比重） | －0.789 | －0.441 | 0.081 | 0.411 |
| Zscore（第二产业占 GDP 比重） | 0.326 | 0.503 | －0.308 | 0.45 |
| Zscore（第三产业占 GDP 比重） | －0.281 | 0.885 | －0.301 | －0.094 |
| Zscore（进出口总额占比） | 0.17 | －0.795 | 0.276 | 0.337 |
| Zscore（存款占比） | －0.857 | 0.233 | 0.36 | 0.272 |
| Zscore（贷款占比） | －0.806 | 0.072 | 0.321 | 0.491 |
| Zscore（科技支出占比） | 0.392 | 0.604 | －0.151 | 0.621 |
| Zscore（经济密度） | 0.886 | 0.141 | 0.414 | －0.099 |
| Zscore（人口密度） | 0.781 | －0.049 | 0.621 | －0.034 |
| Zscore（公路密度） | 0.875 | 0.279 | 0.375 | －0.003 |
| Zscore（铁路密度） | －0.341 | 0.201 | 0.91 | －0.085 |

表 5-4 2015 年各指标因子载荷阵

| | 成分 | | | |
|---|---|---|---|---|
| | 1 | 2 | 3 | 4 |
| Zscore（知识产权保护力度） | 0.617 | −0.659 | 0.044 | 0.4 |
| Zscore（市场化指数） | 0.939 | −0.017 | −0.162 | 0.228 |
| Zscore（人均受教育年限） | −0.709 | −0.658 | 0.124 | −0.086 |
| Zscore（财政支出占 GDP 比重） | −0.77 | 0.436 | −0.307 | 0.349 |
| Zscore（第二产业占 GDP 比重） | 0.751 | 0.655 | −0.052 | −0.055 |
| Zscore（第三产业占 GDP 比重） | −0.647 | −0.283 | 0.663 | −0.234 |
| Zscore（进出口总额占比） | 0.269 | 0.937 | −0.14 | 0.014 |
| Zscore（存款占比） | −0.882 | 0.129 | 0.295 | 0.338 |
| Zscore（贷款占比） | −0.819 | 0.272 | 0.13 | 0.483 |
| Zscore（科技支出占比） | 0.65 | −0.45 | −0.193 | 0.58 |
| Zscore（经济密度） | 0.876 | −0.001 | 0.465 | −0.094 |
| Zscore（人口密度） | 0.777 | 0.257 | 0.558 | −0.009 |
| Zscore（公路密度） | 0.861 | −0.095 | 0.431 | 0.143 |
| Zscore（铁路密度） | −0.296 | 0.414 | 0.804 | 0.283 |

表 5-5 2016 年各指标因子载荷阵

| | 成分 | | | |
|---|---|---|---|---|
| | 1 | 2 | 3 | 4 |
| Zscore（知识产权保护力度） | 0.6487 | −0.6029 | 0.2393 | 0.3659 |
| Zscore（市场化指数） | 0.9472 | −0.1179 | −0.0718 | 0.2802 |
| Zscore（人均受教育年限） | −0.6968 | −0.6398 | 0.2541 | 0.1999 |
| Zscore（财政支出占 GDP 比重） | −0.8525 | 0.2613 | −0.1229 | 0.4299 |
| Zscore（第二产业占 GDP 比重） | 0.7462 | 0.5295 | −0.2403 | 0.3186 |
| Zscore（第三产业占 GDP 比重） | −0.8696 | −0.2957 | 0.2749 | −0.2487 |
| Zscore（进出口总额占比） | 0.1738 | 0.8699 | −0.1971 | 0.3923 |
| Zscore（存款占比） | −0.7599 | 0.4474 | 0.3589 | 0.1113 |
| Zscore（贷款占比） | −0.8029 | 0.3858 | 0.2929 | 0.3474 |
| Zscore（科技支出占比） | 0.2938 | −0.6447 | 0.3588 | 0.6053 |

（续表）

| 成分 | | | | |
|---|---|---|---|---|
| Zscore（经济密度） | 0.9050 | 0.1247 | 0.3263 | −0.2422 |
| Zscore（人口密度） | 0.7481 | 0.3826 | 0.5089 | −0.1278 |
| Zscore（公路密度） | 0.8945 | 0.0524 | 0.4163 | −0.0362 |
| Zscore（铁路密度） | −0.2571 | 0.5071 | 0.8105 | −0.0529 |

根据表 5 - 3～表 5 - 5 的结果，综合各年的因子载荷阵系数情况，可以得出以下结论。

2014 年：经济密度、人口密度、公路密度在因子 1 上有较高载荷，故主成分 1 集中反映了空间因素对区域间新兴产业竞争力的影响；知识产权保护力度、人均受教育年限、科技支出占 GDP 比重在因子 2 上有较高载荷，故主成分 2 集中反映了科技因素对区域间新兴产业竞争力的影响；财政支出占 GDP 比重指标在因子 3 上有较高载荷，故主成分 3 集中反映了政府因素对区域间新兴产业竞争力的影响；存款占 GDP 比重、贷款占 GDP 比重、进出口总额占 GDP 比重、第二产业占 GDP 比重等指标在因子 4 上有较高载荷，故主成分 4 集中反映了市场因素对区域间新兴产业竞争力的影响。

2015 年：知识产权保护力度、科技支出占 GDP 比重在因子 1 上有较高载荷，故主成分 1 集中反映了科技因素对区域间新兴产业竞争力的影响；存款占 GDP 比重、贷款占 GDP 比重、进出口总额占 GDP 比重、第二产业占 GDP 比重等指标在因子 2 上有较高载荷，故主成分 2 集中反映了市场因素对区域间新兴产业竞争力的影响；经济密度、人口密度、公路密度、铁路密度等指标均在因子 3 上有较高载荷，故主成分 3 集中反映了空间因素对区域间新兴产业竞争力的影响；市场化指数、财政支出占 GDP 比重在因子 4 上有较高载荷，故主成分 4 集中反映了政府因素对区域间新兴产业竞争力的影响。

2016 年：市场化指数在因子 1 上有较高载荷，故主成分 1 集中反映了政府因素对区域间新兴产业竞争力的影响；存款占 GDP 比重、贷款占 GDP 比重、进出口总额占 GDP 比重、第二产业占 GDP 比重等指标在因子 2 上有较高载荷，故主成分 2 集中反映了市场因素对区域间新兴产业竞争力的影响；经济密度、人口密度、公路密度在因子 3 上有较高载荷，故主成分 3 集中反映了空间因素对区域间新兴产业竞争力的影响；知识产权保护力度、人均受教育年限、科技支出占 GDP 比重在因子 4 上有较高载荷，故主成分 4 集中反映了科技因素对区域间新兴产业竞争力的影响。

根据成分得分系数矩阵和不同主成分对应的特征向量，可以得到不同省份在不同因子下的得分。表 5－6 列出了 2014—2016 年中部六省战略性新兴产业竞争力因子得分。表 5－7 为 2014—2016 年中部六省战略性新兴产业竞争力因子得分排名情况。

**表 5－6　2014—2016 年中部六省战略性新兴产业竞争力因子得分**

| 年份 | 省份 | FAC1 _ 1 | FAC2 _ 1 | FAC3 _ 1 | FAC4 _ 1 |
|---|---|---|---|---|---|
| 2014 | 安徽 | 0.47392 | －0.34955 | 0.46664 | 1.69032 |
| | 湖南 | 0.21667 | 0.38695 | －0.87707 | －0.99187 |
| | 江西 | －0.39803 | －1.73893 | －0.73665 | －0.21686 |
| | 湖北 | 0.46224 | 1.15721 | －0.98773 | 0.49259 |
| | 山西 | －1.8042 | 0.6015 | 0.73873 | －0.0428 |
| | 河南 | 1.0494 | －0.05718 | 1.39608 | －0.93139 |
| 2015 | 安徽 | 0.5928 | 0.36504 | 0.01471 | 1.78674 |
| | 湖南 | 0.15707 | －1.32992 | －0.49423 | －0.73599 |
| | 江西 | －0.32185 | 1.33124 | －1.39421 | －0.58021 |
| | 湖北 | 0.42679 | －0.9369 | －0.3763 | 0.25333 |
| | 山西 | －1.83681 | －0.09243 | 0.86162 | 0.18717 |
| | 河南 | 0.982 | 0.66297 | 1.38841 | －0.91105 |
| 2016 | 安徽 | 0.039064 | 0.889466 | 0.901972 | 1.512878 |
| | 湖南 | 0.029377 | －0.95836 | －0.90461 | 0.014289 |
| | 江西 | －1.15743 | 1.265944 | －0.42577 | －1.02096 |
| | 湖北 | 0.086903 | －0.29124 | －1.18928 | 0.814063 |
| | 山西 | －0.75362 | －1.22515 | 1.290506 | －0.40093 |
| | 河南 | 1.7557 | 0.319339 | 0.327185 | －0.91935 |

表 5-7　2014—2016 年中部六省战略性新兴产业竞争力因子得分排名情况

| 年份 | 省份 | 因子 1 排名 | 因子 2 排名 | 因子 3 排名 | 因子 4 排名 |
|---|---|---|---|---|---|
| 2014 | 安徽 | 2 | 5 | 3 | 1 |
| | 湖南 | 4 | 3 | 5 | 6 |
| | 江西 | 5 | 6 | 4 | 4 |
| | 湖北 | 3 | 1 | 6 | 2 |
| | 山西 | 6 | 2 | 2 | 3 |
| | 河南 | 1 | 4 | 1 | 5 |
| 2015 | 安徽 | 2 | 3 | 3 | 1 |
| | 湖南 | 4 | 6 | 5 | 5 |
| | 江西 | 5 | 1 | 6 | 4 |
| | 湖北 | 3 | 5 | 4 | 2 |
| | 山西 | 6 | 4 | 2 | 3 |
| | 河南 | 1 | 2 | 1 | 6 |
| 2016 | 安徽 | 3 | 2 | 2 | 1 |
| | 湖南 | 4 | 5 | 5 | 3 |
| | 江西 | 6 | 1 | 4 | 6 |
| | 湖北 | 2 | 4 | 6 | 2 |
| | 山西 | 5 | 6 | 1 | 4 |
| | 河南 | 1 | 3 | 3 | 5 |

2014 年，在空间因素中，河南省的得分最高，达到 1.0494，安徽、湖北、湖南、江西则依次为二到五位，山西省依旧排在末位；市场化方面，安徽省排在第一位；而在政府支持方面，该年安徽省降至第三位，排在河南、山西之后，其中河南得分最高，达到 1.39608；在该年的科技因素下，安徽省得分排名降至第五，排在湖北、山西、湖南、河南之后，其中湖北省得分最高，达到 1.15721。

2015 年，在科技因素中，河南省的得分最高，达到 0.982，安徽、湖北、湖南、江西则依次为二到五位，山西省排在末位；安徽省在该年的市场因素下得分排名第三，前两位是江西和河南；在该年的空间因素下，安徽省得分排名第三，河南省得分最高，排名第一，其次是山西；对于政府支持方面，安徽省在该年排在第一位，得分为1.78674。

2016年，在政府因素中，河南省的得分最高，达到了1.7557，湖北、安徽、湖南、山西则依次为二到五位，江西省得分最低；在市场化方面，安徽省在该年排名第二，第一是江西，第三是河南；在该年的空间因素下，前三位分别是山西、安徽、河南；在科技因素中，安徽省得分最高，达到1.512878，之后分别为湖北、湖南、山西、河南、江西。

再由因子得分和对应的特征值计算主成分得分，计算方法是相应的因子得分乘以对应特征根的算术平方根。表5-8为2014—2016年中部六省战略性新兴产业竞争力主成分得分。

**表5-8 2014—2016年中部六省战略性新兴产业竞争力主成分得分**

| 年份 | 省份 | 主成分1 | 主成分2 | 主成分3 | 主成分4 |
|---|---|---|---|---|---|
| 2014 | 安徽 | 1.143965917 | −0.657557506 | 0.695777646 | 2.094934123 |
| | 湖南 | 0.523006193 | 0.727912679 | −1.307744085 | −1.229295227 |
| | 江西 | −0.960779781 | −3.271195748 | −1.098372628 | −0.268770064 |
| | 湖北 | 1.115772293 | 2.176890635 | −1.472742273 | 0.610501917 |
| | 山西 | −4.355045802 | 1.131514346 | 1.101473985 | −0.053045092 |
| | 河南 | 2.53308118 | −0.107564406 | 2.081607355 | −1.15433805 |
| 2015 | 安徽 | 1.621675165 | 0.630753564 | 0.021317788 | 1.952108902 |
| | 湖南 | 0.429683735 | −2.297972222 | −0.716240004 | −0.804108393 |
| | 江西 | −0.880459096 | 2.300253053 | −2.020494458 | −0.633910421 |
| | 湖北 | 1.167534993 | −1.618871943 | −0.545335398 | 0.276776558 |
| | 山西 | −5.024813024 | −0.159710037 | 1.248662995 | 0.204493224 |
| | 河南 | 2.686378226 | 1.145547585 | 2.012089076 | −0.995370795 |
| 2016 | 安徽 | 0.106452 | 1.58265 | 1.227809 | 1.746703 |
| | 湖南 | 0.080054 | −1.70523 | −1.2314 | 0.016497 |
| | 江西 | −3.15408 | 2.252527 | −0.57958 | −1.17876 |
| | 湖北 | 0.236817 | −0.51821 | −1.61891 | 0.939881 |
| | 山西 | −2.05367 | −2.17994 | 1.756701 | −0.4629 |
| | 河南 | 4.784403 | 0.568208 | 0.44538 | −1.06144 |

最终得到的结果与因子得分结果相同。2014—2016 年安徽省在中部六省中各主成分得分总体处在中上水平，为了能进一步直观地对安徽省战略性新兴产业竞争力进行评价，我们根据中部六省战略性新兴产业竞争力指标的主成分得分情况，利用各主成分的方差贡献率作为权重，进行加权平均，最后得到各省战略性新兴产业竞争力的综合得分。

2. 基于熵值法的安徽省战略性新兴产业竞争力分析

熵值法是一种客观的赋权方法，它通过计算指标的信息熵，根据指标的相对变化程度对系统整体的影响来决定指标的权重，相对变化程度大的指标具有相对大的权重。信息熵描述样本数据变化的相对速率，系数越接近于 1，距目标就越接近；系数越接近于 0，距目标就越远。利用熵值法确定权重，能够消除人为因素的干扰，使评价结果更加科学。

我们根据客观性、可行性、简明性原则，选取了 14 个指标进行熵值法分析。

假设需要评价 $m$ 个城市的战略新兴产业竞争力状况，评价指标体系包括 $n$ 各指标。这是个由 $m$ 样本组成，用 $n$ 个指标做综合评价的问题，便可形成一个初步矩阵：

$$\boldsymbol{X}_{ij}=\begin{bmatrix} X_{11} & \cdots & X_{1n} \\ \cdots & \cdots & \cdots \\ X_{m1} & \cdots & X_{mn} \end{bmatrix},\ (0 \leqslant i \leqslant m,\ 0 \leqslant j \leqslant n)$$

其中，$\boldsymbol{X}_{ij}$ 表示第 $i$ 个样本第 $j$ 项评价指标的数值。

（1）数据处理 —— 标准化处理

因为各指标的量纲、数量级指标的正负取向均有差，所以为消除因量纲不同对评价结果的影响，需要对各指标进行标准化处理。具体公式如下：

① 若指标为正向指标，计算方法为：$X'_{ij}=\dfrac{X_j - X_{\min}}{X_{\max} - X_{\min}}$；

② 若指标为负向指标，计算方法为：$X'_{ij}=\frac{X_{\max}-X_j}{X_{\max}-X_{\min}}$。

因为考虑到标准化后的数据为 0 的情况，导致数据无意义，所以可以对标准化的公式进行适当变形，最终公式如下：

③ 若指标为正向指标，计算方法为：$X'_{ij}=\frac{X_j-X_{\min}}{X_{\max}-X_{\min}}+1$；

④ 若指标为负向指标，计算方法为：$X'_{ij}=\frac{X_{\max}-X_j}{X_{\max}-X_{\min}}+1$。

其中，$X_j$ 为第 $j$ 项指标值，$X_{\max}$ 为第 $j$ 项指标的最大值，$X_{\min}$ 为第 $j$ 项指标的最小值。

（2）计算第 $j$ 项指标下第 $i$ 个样本指标值的比重 $Y_{ij}$

$$Y_{ij}=\frac{X'_{ij}}{\sum_{i=1}^{m}X'_{ij}}，(0\leqslant Y_{ij}\leqslant 1)$$

（3）计算第 $j$ 项指标的信息熵值的公式为：

$$e_j=-K\sum_{i=1}^{m}Y_{ij}\ln Y_{ij}，K=\frac{1}{\ln m}$$

（4）计算信息熵冗余度的公式为：

$$d_j=1-e_j$$

（5）第 $j$ 项指标权重为：

$$w_j=\frac{d_j}{\sum_{i=1}^{m}d_j}$$

（6）第 $i$ 个样本综合水平得分：

$$S_{ij}=w_i\times X_{ij}，S_i=\sum_{j=1}^{n}S_{ij}$$

根据上述理论步骤，再结合 EXCEL，可以做出 2014—2016 年在熵值法下的战略性新兴产业竞争力综合评价排名。

(四) 2014—2016 年安徽省战略性新兴产业综合评价

1. 主成分分析下的 2014—2016 年战略性新兴产业竞争力评价

2014 年，安徽省战略性新兴产业竞争力综合得分排名第三位，达 0.7066，其中空间、市场两大影响区域间战略性新兴产业竞争力的因素上，安徽省均有着排名 1、2 位的上佳表现，而在政府和科技因素方面安徽省较上年的排名有所下降，所以在综合得分上也随即降至第三位（表 5-9）。

**表 5-9　主成分分析下的 2014 年中部六省战略性新兴产业竞争力综合评价**

| 省份 | 主成分分析 | |
|---|---|---|
| | 得分 | 排名 |
| 安徽省 | 0.7066 | 3 |
| 湖南省 | 0.0642 | 4 |
| 江西省 | −1.5547 | 6 |
| 湖北省 | 0.9213 | 2 |
| 山西省 | −1.4752 | 5 |
| 河南省 | 1.3377 | 1 |

2015 年，安徽省战略性新兴产业竞争力综合得分排名上升至第二位，达 1.2726，其中在科技、政府两大影响区域间战略性新兴产业竞争力的因素方面，安徽省有着排名 1、2 位的上佳表现；在空间和市场因素方面，安徽省较上年的排名略微有所下降，排在第三位，所以在综合得分上安徽省较 2014 年上升一位，至第二位（表 5-10）。

**表 5-10　主成分分析下的 2015 年中部六省战略性新兴产业竞争力综合评价**

| 省份 | 主成分分析 | |
|---|---|---|
| | 得分 | 排名 |
| 安徽省 | 1.2726 | 2 |
| 湖南省 | −0.4742 | 5 |
| 江西省 | −0.3665 | 4 |

（续表）

| 省份 | 主成分分析 | |
|---|---|---|
| | 得分 | 排名 |
| 湖北省 | 0.2398 | 3 |
| 山西省 | −2.7335 | 6 |
| 河南省 | 2.0619 | 1 |

2016 年，安徽省战略性新兴产业竞争力综合得分排名仍然保持第二位，得分为 0.743158，在市场因素和空间因素方面，安徽省均排在第二位，表现上佳，虽然在政府因素方面，安徽省仅排第三位，但由于在科技因素方面，安徽省排名第一，稍稍弥补了政府因素方面的不足，因此安徽省的综合排名能够保持在第二位（表 5－11）。

**表 5－11 主成分分析下的 2016 年中部六省战略性新兴产业竞争力综合评价**

| 省份 | 主成分分析 | |
|---|---|---|
| | 得分 | 排名 |
| 安徽省 | 0.743158 | 2 |
| 湖南省 | −0.50455 | 4 |
| 江西省 | −1.3529 | 5 |
| 湖北省 | −0.1164 | 3 |
| 山西省 | −1.39384 | 6 |
| 河南省 | 2.624517 | 1 |

2. 熵值法下的 2014—2016 年战略性新兴产业竞争力评价

2014 年中部六省战略性新兴产业竞争力排名前三的分别是：山西省、安徽省、湖北省（表 5－12）。

**表 5－12 熵值法下的 2014 年中部六省战略性新兴产业竞争力综合评价**

| 省份 | 熵值法 | |
|---|---|---|
| | 得分 | 排名 |
| 安徽省 | 1.5396 | 2 |
| 湖南省 | 1.2878 | 5 |

（续表）

| 省份 | 熵值法 | |
|---|---|---|
| | 得分 | 排名 |
| 江西省 | 1.2542 | 6 |
| 湖北省 | 1.5191 | 3 |
| 山西省 | 1.5618 | 1 |
| 河南省 | 1.5144 | 4 |

2015年中部六省战略性新兴产业竞争力排名前三的分别是：安徽省、河南省、山西省（表5-13）。

**表5-13　熵值法下的2015年中部六省战略性新兴产业竞争力综合评价**

| 省份 | 熵值法 | |
|---|---|---|
| | 得分 | 排名 |
| 安徽省 | 1.5952 | 1 |
| 湖南省 | 1.3298 | 5 |
| 江西省 | 1.3149 | 6 |
| 湖北省 | 1.4689 | 4 |
| 山西省 | 1.4953 | 3 |
| 河南省 | 1.5396 | 2 |

2016年中部六省战略性新兴产业竞争力排名前三的分别是：安徽省、河南省、山西省（表5-14）。

**表5-14　熵值法下的2016年中部六省战略性新兴产业竞争力综合评价**

| 省份 | 熵值法 | |
|---|---|---|
| | 得分 | 排名 |
| 安徽省 | 1.722782 | 1 |
| 湖南省 | 1.339298 | 6 |
| 江西省 | 1.375538 | 5 |

（续表）

| 省份 | 熵值法 | |
|---|---|---|
| | 得分 | 排名 |
| 湖北省 | 1.431667 | 4 |
| 山西省 | 1.511715 | 3 |
| 河南省 | 1.578658 | 2 |

总体来看，安徽省战略性新兴产业竞争力在中部六省中一直稳定在前三名，其中在市场、科技、政府、空间四大影响因素上，安徽省相较于中部其他五省均处于前列水平，说明在影响战略性新兴产业竞争力的四个方面安徽省都有着较好的表现。

对比在战略性新兴产业竞争力得分上同样有着稳定表现的河南省、湖北省，安徽省也可以在相对得分靠后的四大影响因素上借鉴河南省、湖北省的相关应对措施和方法。每年各单项影响因素得分都可能会有一些小幅变动，导致每年的综合得分也不尽相同。总的来说，安徽省在中部六省战略性新兴产业竞争力方面处于中上游水平，显示出了安徽省近年社会发展的强劲动力。

根据以上分析，我们针对安徽省提出以下几条提升战略性新兴产业竞争力的路径：一是强调战略性新兴产业竞争力提升的协同作用，战略性新兴产业提升包含多个支撑点：技术、人才、融资、空间集聚和公共服务等方面；二是在战略性新兴产业生命周期的不同阶段，应分别采用不同的政策支持措施，通过综合运用政府和市场两方面的力量，采取多种政策支持体系，最终实现战略性新兴产业竞争力的提升。

## 三、基于 DEA 模型的安徽战略性新兴产业竞争力评价

数据包络分析方法（DEA）是一种解决多输入、输出变量的综合评价效率方法，其输入输出的特征灵活地展现在计量经济、信息管理和优化评价中。若单独对安徽省战略性新兴产业竞争力进行评价，可通过 DEA 模型对各年安徽省战略性新兴产业竞争力进行效率测度，通过具体的效率测度找出安徽省在战略性新兴产业竞争力方面的优势与

劣势，进行针对性的评价。

### （一）DEA 模型选择

#### 1. $C^2R$ 模型

$C^2R$ 模型是国际上第一个非线性的 DEA 模型，深刻揭示了 DEA 方法在数学和经济学上的含义，被认为是“提出了一个精美的研究结构，并且对统计方面的研究给出了一个分析基础”。$C^2R$ 模型对决策单元的综合效率同时进行评价，即 $C^2R$ 模型中的 DEA 有效性决策单元综合管理水平高。

$C^2R$ 模型可以同时对决策单元的技术有效性和规模有效性进行评价，当

（1）$\theta^0=1$，且 $S^{0+}=0$，决策单元 $j_0$ 为 DEA 有效；

（2）$\theta^0=1$，且或 $S^{0+}=0$，决策单元 $j_0$ 为弱 DEA 有效；

（3）若 $\theta^0<1$，决策单元 $j_0$ 的 DEA 不是有效。

#### 2. $BC^2$ 模型

$BC^2$ 模型可以分别对纯技术效率和规模效率进行评价，当

（1）$\theta^0=1$，且或 $S^{0+}=0$，则决策单元 $j_0$ 为弱 DEA 有效；

（2）$\theta^0=1$，并且 $S^{0+}=0$，则决策单元 $j_0$ 为 DEA 有效。

### （二）数据包络分析评价安徽战略性新兴产业竞争性原理

通过对上面的 $C^2R$ 模型和 $BC^2$ 模型分析可知，如果在管理活动中决策单元 $j_0$ 在 $C^2R$ 模型下为 DEA 有效时，那么战略性新兴产业统筹的管理模式和规模效益都达到了最佳水平，即在当前的管理和规模条件下评价最优。

而当生产活动中，$C^2R$ 模型下的 DEA 无效时，需要评价 $BC^2$ 模型下的 DEA 是否有效，当 DEA 有效时，说明在管理中决策单元 $j_0$ 认为管理水平有效，而管理规模无效，即该战略性新兴产业的统筹由于当前的规模效益没有达到最佳水平，出现了管理不善。

### （三）安徽战略性新兴产业竞争力效率指标体系

根据客观性、可行性、简明性和相对可比性原则，为适应安徽战略性新兴产业的实际需要，并结合安徽省的省情，建立安徽战略性新兴产业竞争力效率评价指标体系。

表 5-15 安徽战略性新兴产业竞争力效率评价指标体系

| DEA 指标类型 | 评价因素 | 评价指标 | 单位 | 变量 | 指标性质 |
|---|---|---|---|---|---|
| 输入指标 | 产业条件 | 平均每万人口研究与试验发展（R&D）研究人员 | 人 | $u_1$ | 正向指标 |
| | 产业环境 | 人均 GDP | 元/人 | $u_2$ | 正向指标 |
| | | 单位 GDP 能耗 | 吨标准煤/万元 | $u_3$ | 逆向指标 |
| | 产业规模 | 研究与试验发展（R&D）研究经费占 GDP 比例 | % | $u_4$ | 正向指标 |
| 输出指标 | 产业产值 | 战略性新兴产业总产值 | 亿元 | $v_1$ | 正向指标 |

（四）结果分析

本书的研究数据来源于《安徽省统计年鉴》，利用 DEAP 软件，输入 2011—2017 年投入与产出的历史数据，通过 CRS 和 VRS 两种模型分析，得出实证结果。对实证结果的分析分为四个部分：产业条件、产业环境、产业规模、产业产值。

安徽战略性新兴产业竞争力效率评价输出结果见表 5-16 所列。

表 5-16 安徽战略性新兴产业竞争力效率评价输出结果

| firm | crste | vrste | scale | |
|---|---|---|---|---|
| 1 | 1.000 | 1.000 | 1.000 | — |
| 2 | 0.983 | 0.984 | 0.999 | drs |
| 3 | 0.977 | 0.977 | 1.000 | — |
| 4 | 0.977 | 0.978 | 0.999 | drs |
| 5 | 0.985 | 1.000 | 0.985 | drs |
| 6 | 1.000 | 1.000 | 1.000 | — |
| 7 | 1.000 | 1.000 | 1.000 | — |

根据软件的输出结果，得到安徽省 2011—2017 年的战略性新兴产业竞争力的综合性效率分别为 1、0.983、0.977、0.977、0.985、1、1。其中，2011 年、2016 年和 2017 年的得分为 1，我们认为这三年的战略性新兴产业竞争力是有效的。

其中 2015 年的纯技术效率为 1，而规模效率小于 1，这说明对于当年的技术效率而言没有投入需要减少、没有产出需要增加；2015 年的综合效率没有达到有效（即 1），是因为其规模和投入、产出不相匹配，需要适当地缩小规模。

2012—2014 年，安徽战略性新兴产业竞争力除了产业环境资源配置冗余的问题，在产业规模以及产业条件方面同样出现资源过剩的现象，说明战略性新兴产业竞争力并不是研究人员和研究经费投入越多就越好，投入过多的资源同样使得战略性新兴产业效率低下，应合理配置研究资源，优化产业结构，提高战略性新兴产业核心竞争力。

2016 年和 2017 年安徽省的战略性新兴产业竞争力是有效的，可以认为近年来安徽省在战略性新兴产业的产业规模、产业结构、资源配置上已经找到了一个较为合理的解决方案。

DEA 模型无效 DMU 投入过剩与不足见表 5 - 17 所列。

**表 5 - 17　DEA 模型无效 DMU 投入过剩与不足**

| DMU | 得分 | $u_1$ 过剩 | $u_2$ 过剩 | $u_3$ 过剩 | $u_4$ 过剩 |
|---|---|---|---|---|---|
| 2012 年 | 0.984 | 3. 117 | 463.062 | 0.012 | 0.121 |
| 2013 年 | 0.977 | 4.015 | 723.107 | 0.015 | 0.191 |
| 2014 年 | 0.978 | 4.402 | 741.108 | 0.014 | 0.139 |

# 第六章 推进安徽经济高质量发展的政策建议

全面贯彻落实党的十九大精神，加快建设现代化五大发展美好安徽，积极落实高质量发展的要求，是安徽省推动经济持续健康发展的关键。2018 年是我国经济站上历史新方位、迈向高质量发展的元年，也是安徽省打好三大攻坚战，扎实推进供给侧结构性改革，经济发展模式向高质量发展转型，全面建成小康社会的关键之年。这一年，安徽省委省政府严格按照党中央及国务院的各项决策部署，以供给侧结构性改革为主线，坚持新发展理念和稳中求进的工作总基调，实现了经济运行稳步上升，高质量发展取得重要进展的预期发展目标。但在肯定成绩的同时，我们也必须清醒地看到，安徽省在经济社会发展中还存在不少问题和挑战，主要体现在：产业结构不优、新旧动能接续转换不足，发展质量和效益还不够高；金融和实体经济的良性循环尚未形成；营商环境有待进一步优化；区域分化态势仍在持续；基础设施、基本公共服务等领域存在不少短板等方面。针对这些问题和挑战，本章将基于 2018 年安徽经济发展的成效与不足，提出今后经济高质量发展的相应建议，切实解决所面临的问题和挑战。

## 一、安徽经济发展中的成效

### （一）经济运行稳中向好，质量效益稳步提升

2018 年安徽省经济发展取得重大进展，发展质量和效益稳步提升。全省经济总量突破 3 万亿元，达 30006.82 亿元，按可比价格计算，比上年增长 8.02%；人均 GDP 达到 47712 元，比上年增加 4311 元。财政收入也保持两位数增长，全年财政收入为 5363 亿元，年均增长 10.4%。从三大产业来看，第二、第三产业的增速最快，产业增加

值分别为13842.1亿元和13526.7亿元，增幅达8.5%和8.6%；第一产业的增速最慢，其增加值为2638亿元，增幅为3.2%。其中，工业增加值占国内生产总值的比值为38.9%，服务业增加值占比相较上年与全国的差距拉近了1.9个百分点。全省工业发展的增速也达到4年来最高峰，全年规模以上工业增加值增长9.3%，位居全国第4。农业生产稳定，种植结构的调整使全年粮食产量达4007.3万吨，产量位居全国第4，比2017年前移1位。固定资产投资增长迅速，比全国高出5.9个百分点。销售市场处于稳定增长状态，社会消费品零售总额增长11.6%，比上年的11.9%回落了0.3个百分点，比全国高2.6个百分点，居全国第2。居民的收入形势较好，全年城镇常住居民和农村常住居民人均可支配收入分别为34393元和13996元，增幅为8.7%和9.7%，城乡居民人均收入倍差为2.46，比上年缩小0.02。全年进出口总额也明显加快，总额达629.7亿美元，增长了16.6%，比全国高4个百分点。总的来看，全省经济运行在合理区间，总体处于平稳的运行态势，经济综合指标在全国的排名也相对靠前，表明我省经济发展的质量和效益处于稳步提升的发展态势。

（二）持续加强创新驱动，科技创新实现重大突破

2018年安徽省科技创新实现重大突破。高新技术产业增加值、战略性新兴产业产值分别增长13.9%和16.3%，战略性新兴产业产值占规模以上工业的比重达29.4%。科技创新持续加强，创新能力连续7年位居全国第一方阵。全省全年专业技术人员达230.7万人，比上年增长1.01%。全年研究与试验发展的内部经费支出630亿元，增长11.5%，相当于全省生产总值的2.1%。全年受理申请专利207428件、增长17.9%；授权专利79747件、增长36.9%。2018年全省登记科技成果8213项，13个项目荣获国家科技奖，其中科技成果主要有城域量子通信组网技术、面向语音语言新一代人工智能关键技术及开放创新平台、分布式光纤应变测试技术及应用、智能化移动微创装备关键技术及产业化、空天探测光电图像精细处理技术及应用等。一大批重大源头的创新成果不断涌现，加快了新产业、新业态、新模式的进展。世界最薄0.12毫米的电子触控玻璃成功下线，工业机器人产量

突破 1 万台，新能源汽车产销量突破 12 万辆、占全国 13%，CA20 型飞机样机首飞成功，维信诺第六代柔性显示器生产线开工建设。科技创新在持续引领着经济发展，为高质量发展提供有力的技术支撑。

（三）深入推进供给侧结构性改革，结构调整取得积极进展

2018 年面对新的经济下行压力，坚持从供给侧发力，全省全年淘汰煤炭产能 690 万吨，压减生铁粗钢产能 228 万吨，去库存、降成本、补短板成效显现，并通过清算注销、依法破产、重组整合、产权转让等方式，有序处置省属“僵尸企业”58 户。全年新增境内外上市公司 7 家，“新三板”挂牌企业 26 家，省股权托管交易中心挂牌企业 1127 家。坚持“房住不炒”和“租购并举”的基本基调，房地产市场总体稳定。全年新开工亿元以上重点项目 2545 个、建成 1518 个，减轻实体经济负担 1303 亿元。民营企业数量也首次突破百万大关，企业数量达 112.8 万户，规模以上民营企业增加值增长 10.3%。全年服务业增加值增速高出国内生产总值 0.6 个百分点，占比提高到 45.1%，创历史新高；特别是以信息传输、互联网为代表的新兴服务业快速发展。随着供给侧结构性改革的深入推进，新旧动能转换加快、经济结构持续优化，全省全年宏观经济运行呈现稳中向好、稳中有进的发展态势。

（四）扎实推进扶贫举措，脱贫攻坚连战连捷

2018 年是完成脱贫攻坚任务的关键之年，全省成功完成 10 个国家级贫困县、8 个省级贫困县摘帽，725 个贫困村出列，72.6 万贫困人口脱贫的年度目标，贫困发生率由上年的 2.22%下降至 0.93%。为扎实推进脱贫攻坚的预期计划，安徽全面实施“四带一自”产业扶贫、“三有一网”点位扶贫、“三业一岗”就业扶贫等扶贫措施。各家各户产业扶贫项目的覆盖率几乎达到 100%，且建设了就业扶贫驿站 607 个、扶贫车间 1303 个，开发公益岗位 12.43 万个，成功解决了 10.22 万贫困人口的就业难题。关于贫困群众医疗健康方面，全面落实了“351”“180”健康脱贫政策，使综合医保实际补偿比达到 90.48%，并实施“一站式”服务和家庭医生签约制度，真正解决了贫困群众的就医难题。在解决贫困群众住房的问题上，全省共完成 1.99 万贫困人口异地扶贫搬迁任务。另外，对于深度重点贫困地区，省政府采取以

补齐基础设施和基本公共服务短板为重点的措施，将财政新增扶贫专项资金的50%以上用于深度贫困县。加大对大别山等革命老区、皖北地区、行蓄洪区等区域的支持力度；编制实施淮河行蓄洪区安全建设规划，完成115个庄台综合整治任务。

### （五）积极开展“五控”措施，生态环境质量明显改善

2018年为改善环境质量，安徽省开展控煤、控气、控车、控尘、控烧“五控”措施，全省的环境质量明显改善，主要指标实现“双降一升”。大气环境质量，全省全年PM2.5平均浓度为49微克/立方米、比上年下降12.5%，达到近年来最好水平；全省16个地级市空气质量优良天数占比71%，比上年提高4.3个百分点，多年来首次实现空气质量大幅改善。2018年安徽省全面实施地表水断面生态补偿，建立以市级横向补偿为主、省级纵向补偿为辅的地表水断面生态补偿机制，对跨市界断面、出省境断面和国家考核断面实行“双向补偿”，其中121个断面纳入补偿范围，共产生水污染赔付和生态补偿金4亿元。这对强化水环境目标管理，改善全省水环境质量具有重大作用。关于能源消耗，全省全年单位生产总值能耗下降5%，节能减排年度目标任务全面完成。

## 二、安徽经济发展中的不足

### （一）新旧动能接续转换不足、发展质量和效益还不够高

2018年全省人民在省委、省政府的坚强领导下，认真贯彻落实党中央、国务院各项决策部署，较好地完成了经济发展的预期目标。全省经济运行总体平稳、稳中有进，但在发展进程中也存在新旧动能接续转换不足、经济发展质量和效益还不够高的问题，主要原因在于：一是产业结构不优、第三产业发展有待强化。从生产总值构成来看，近两年安徽省第一、第二、第三产业增加值占比由9.5∶49∶41.5发展至8.8∶46.1∶45.1。虽然第一产业和第二产业的占比下降，第三产业占比有所提高，但与全国的发展水平还存在一定差距。第三产业发展滞后不仅严重制约了第一产业和第二产业的发展，也严重制约了全省经济的协调发展。二是科技创新能力和先进科研成果转化水平与

塑造更多依靠创新驱动的引领型发展不适应。安徽省近些年在科技方面的投入快速增加，区域创新体系建设初见成效，并且创新能力连续7年位居全国第一方阵，但根据中国科学技术发展战略研究院发布的《中国区域科技创新评价报告 2018》，我国的综合科技创新水平指数得分为 69.63 分，而安徽省的综合科技创新水平指数得分为 63.46 分，说明安徽省在科技创新水平方面还有很大的提升空间，这也成为安徽省发展质量和效益还不足的主要原因。三是动力变革问题突出。动力变革问题就是新旧动能转换问题，动力变革是以质量和效益优先为目标导向。即在劳动力数量和成本优势逐步减弱后，要全面提高经济社会发展各个层面劳动者的素质，培养一大批具有国际水平的战略科技人才、科技领军人才、青年科技人才和高水平创新团队，建设知识型、技能型、创新型劳动者大军。安徽省虽然劳动力资源充足，但整体劳动力质量不高，推进新旧动能接续转换明显不足，从而出现质量和效益虽稳步提升，但发展质量和效益还不够高的问题。

### （二）金融和实体经济的良性循环尚未形成

民营经济的活力，关系着实体经济的发展。2018 年，全省上下认真学习贯彻习近平总书记关于民营经济发展的重要论述和重要指示精神，出台了“民营经济 30 条”措施，全省民营经济保持了持续健康发展的良好势头。但金融和实体经济的良性循环尚未形成，实体经济特别是民营企业和中小微企业融资难、融资贵的问题未能根本解决。而出现融资难、融资贵问题的原因主要有两大方面：一是资金的流动性问题；货币信贷投放存在梗阻，要为实体经济健康发展创造良好的金融环境，需要通过货币政策工具的创新，保持流动性合理充裕。二是企业中长期投资资金短缺的问题；其中，银行的激励考核机制是制约信贷资源流向民营企业和小微企业的部分原因。完善金融机构内部考核机制，切实使中小微企业融资紧张状况有明显改善，为民企营造更加公平便利的融资环境。

### （三）营商环境有待进一步优化

党的十九大报告和中央经济工作会议均提出，改革创新体制机制、优化营商环境、激发市场主体活力，是增强区域竞争力、建设现代化经济体系、促进高质量发展的重要基础。近年来，安徽省持续推进商事制度改革，倾力打造“四最”营商环境，在营造公平竞争的市场环境方面迈出了新步伐。虽然落实了“放管服”“证照分离”“一网、一门、一次”等多项改善营商环境的举措，但收效不明显，营商环境还有待进一步优化。主要原因在于：第一，审批制度改革有待深化。自从实施“放管服”改革以来，市场主体的门槛大幅降低，“双创”活力得到激发，经济结构供给侧改革成效明显，但放权不同步、审批环节多、办照容易办证难等问题仍不同程度存在。而且贷款审批权均在省市级分行，受银行信贷政策限制，对一些杠杆率较高或无有效抵押物的企业严格限制。第二，行政服务效率有待提高。有的事项审批授权不到位，虽然“互联网＋政务服务”能大大提高工作效率和政府部门间的协同性，但“互联网＋政务服务”的融合度不高，部门间协作不畅。有的行政服务中心进驻单位窗口也只受理、不审批，成为办理事项的“收发中心”和“传达室”，导致企业在政务服务大厅与相关职能部门之间来回跑。为进一步优化营商环境，全面深化各项改革，破除这些体制机制障碍，是实现市场主体发展壮大的重要前提。

### （四）区域分化态势仍在持续

2018 年全省 16 个地市的经济发展格局基本稳定，从经济总量来看，合肥居核心地位的态势始终保持。从经济增速来看，2018 年全省的经济增速达 8.02％，超过全省经济增速水平的有 10 个地市，其中亳州的增速最突出，为 10％，连续 4 个季度居全省最高。9％以上的是阜阳和滁州。高于全省水平 8.02％的是合肥、芜湖、安庆、马鞍山、蚌埠、宿州、宣城。而铜陵、淮南、淮北、池州四市的经济增速低于安徽省 8.02％的经济增速，也低于 6.6％的全国经济增速。根据各地市的经济发展格局，从皖江、皖北、皖南、皖西四大区域板块来看，全省经济发展出现了区域性分化，各区域之间的发展不平衡仍在持续。以皖江城市带和皖北地区为例，2018 年皖江城市带 8 个地市的地区生产总值和财政收入占全省的比例最高，分别为 66.1％和 63.6％。而皖北地区 6 个地市的地区生产总值和财政收入仅占全省的

27.6%和 28.7%。虽然全省在全力振兴区域经济，但区域之间的分化态势仍在持续。

（五）基础设施、基本公共服务等领域存在不少短板

近年来，随着安徽省经济加速发展，人们在生活水平和生活质量方面有很大提高，但在教育、就业、医疗等公共设施和服务方面仍存在不少短板。如教育方面明显落后于发达省份，全省普通高等学校数量为 109 所，每万人中的高等教育人数仅为 200 人左右，各级在校学生数占全省人数的比例也在逐年下降。这表明安徽省在推进教育服务和教育覆盖方面的力度还不够。医疗设施和服务方面也明显低于全国水平，2018 年全省医疗机构床位数为 31.2 万张，而安徽省作为人口大省，全年医疗卫生机构共诊疗 3 亿人次，说明每千人中的床位数只有 1～2 张。且全省的医疗机构占全国的比例仅为 2.5%，虽然近年来安徽省在医疗技术人员方面处于稳步上升的态势，但远远低于全国水平，仅占 3.5%。这表明安徽省在医疗设施和服务领域也存在很多不足。人员就业问题也是影响经济社会发展的重要问题，安徽省是人口大省，劳动力资源丰富，但劳动力质量不高。根据《2018 年安徽省统计年鉴》发布的就业数据，全省城镇新登记失业人数从上年的 26.22 万人增加到 28.6 万人。出现这一现象的原因主要是企业对高层次人才的需求日益增强，安徽省虽然聚集了中国科技大学、合肥工业大学、安徽大学等知名大学，但在出台吸引人才的优惠政策方面的力度不足，政策倾斜力度有限，这在一定程度上导致高层次人才大量流出。整体劳动力质量并不高，就业和劳动关系有待进一步完善。总体上，安徽省在基础设施、基本公共服务等领域存在不少短板，与人民群众对美好生活的向往和期盼尚有不小差距。

## 三、推进安徽经济高质量发展的建议

（一）下好创新“先手棋”，为高质量发展注入新动能

习近平总书记指出，安徽省在科技、教育、人才方面有自己的优势，要用好这一优势，下好创新“先手棋”，着力推动经济高质量发展。近年来，安徽省积极落实党中央各项政策决策，持续加强创新驱

动发展，着力深化人才发展体制机制改革，创新驱动能力也有所增强。但同时也要认识到，全省经济发展的质量和效益还不够高，产业结构不优、新旧动能接续不足等问题较为突出。尤其是面对经济向高质量发展转型的改革任务，安徽省经济运行的下行压力进一步加大，如何下好创新“先手棋”，成为当前安徽省经济社会发展的核心问题。

第一，大力推动科技创新、企业创新、产业创新、产品创新、市场创新。推动科技创新，要充分发挥企业创新的主体作用，构建平台创新体系，加大核心技术研发的力度和建设高层次的科技人才队伍，推动科技成果转化为现实生产力。推动产业创新，要坚持升级传统产业和开发新兴产业，将先进制造业与现代服务业融合发展，大力开展生产性服务业，持续推动互联网、大数据、人工智能与实体经济深度融合。推动产品创新，是企业实现可持续发展的重要手段，是企业核心价值和竞争力的体现。企业在考虑提高生产效率的同时也要将产品创新摆在首位，准确把握市场，实施技术创新，生产出适销对路的产品。推动市场创新，就要推动市场监管改革创新，以市场监管机构改革为契机，整合监管资源，更新监管理念，创新监管方式，提高监管效能，加强从生产到流通到消费的全过程监管，着力为经济发展营造良好的市场环境。

第二，深入推进“四个一”创新主平台。建设“四个一”创新主平台是构建现代化经济体系的重要支撑，是推进自主创新的重要抓手，是聚力打造人才高地的重大载体。安徽省以合肥滨湖科学城为依托，着力打造技术创新密集区，包括国家实验室核心区、大科学装置集中区、教育科研区和成果转化区，全面启动合肥滨湖科学城建设。深化合芜蚌国家自主创新示范区建设，着力打造产业创新引领区，加强国家级研发机构创建，已有合肥高新区、中国科学院合肥物质科学研究院、合肥荣事达电子电器集团有限公司获批国家“双创基地”。此外，着力打造制度创新先行区，聚焦平台创新、产业创新、人才创新等方面。强化科研院所和高等院校的科技创新基础作用，强化创新人才队伍建设，以更大力度下好创新“先手棋”，进一步激发全社会创新的活力，为高质量发展注入源源不断的新动能。

### （二）打好“三大攻坚战”，决胜全面建成小康社会

党的十九大报告指出，打赢防范化解重大风险、精准脱贫、污染防治三大攻坚战是决胜全面建成小康社会的重大关口。近年来，全省认真贯彻以习近平同志为核心的党中央决策部署，奋力打好三大攻坚战，为全面建成小康社会打下坚实基础。今明两年是全面建成小康社会的决胜之年，安徽省应如何突破全面建成小康社会的重大关口，为全面建成小康社会夯实基础、赢得主动？

第一，坚决防范化解金融风险，建立健全地方金融监管体系。首先，将债转股作为去杠杆减负债的重要手段，采取“股债结合、投贷联动”等金融创新方式，把金融机构的债权转为股权，从而实现资产负债率下降，稳妥推进国有企业去杠杆。然后扎实开展金融机构不良资产压降、打击非法违规金融活动、互联网金融风险专项整治、政府隐性债务“四清四实”专项整治等行动，全面建立风险管理工作定期报告制度、风险排查网上直报系统，守住不发生系统性金融风险的底线。最后要加强地方政府债务管理，建立健全地方金融监管体系，规范政府举债融资机制，强化对融资平台、产业投资基金、PPP 项目等规范化管理，坚守不发生区域性、系统性债务风险，保持经济持续健康发展和社会大局稳定。

第二，聚焦深度贫困地区，扎实推进脱贫攻坚“十大工程”，把提高脱贫质量放在首位。一方面，集中力量攻克深度贫困地区，把大别山、皖北地区、行蓄洪区等地方的脱贫攻坚摆在核心位置，全面落实新增脱贫攻坚资金、新增脱贫攻坚项目、新增脱贫攻坚举措“三个新增”政策。将扶贫资金增量部分全部用于深度贫困革命老区，加快建设淮河行蓄洪区，实施现有庄台、保庄圩综合整治，建设低洼地居住人口和庄台超容量人口迁建工程，确保深度贫困地区脱贫攻坚取得突破性进展。另一方面，以“重精准、补短板、促攻坚”专项行动为总抓手，扎实推进脱贫攻坚“十大工程”。重点抓好产业扶贫、就业扶贫项目，扩大产业扶贫项目和特色产业的覆盖率，建设就业扶贫驿站，开发居家就业岗位和辅助性就业岗位，帮扶贫困人口解决就业问题。确保 9 个贫困县摘帽、64 个贫困村出列、40 万贫困人口脱贫的年度脱

贫任务如期完成。

第三，深化“五控”措施，着重“抓源头、抓整治、抓修复”。以“控煤、控气、控车、控尘、控烧”五项措施为抓手，加快调整能源结构，控制煤炭消费总量，推进煤炭消费减量替代；加强工业污染治理，全面集中整治“散乱污”企业，开展工业污染源全面达标专项行动，控制工业废气排放；加强机动车污染治理，严格按照规定清理老旧机动车，并监督检查成品油的生产和质量，加强控制排气污染；强化各类施工扬尘整治，特别是建筑工地施工现场扬尘整治，加强规范管理，控制各类扬尘污染；对辖区内秸秆、垃圾、工业废物的禁烧工作要实施全方位、全覆盖、无缝隙监管，控制各类露天焚烧。另外，要着重“抓源头”，实施能源和水资源消耗、建设用地等总量和强度双控行动，加大发展新能源和可再生能源。着重“抓整治”，加大重点污染河流、湖泊的治理力度，深化开发区、自然保护区、风景名胜区涉生态环保问题整治，坚决守住生态保护红线。着重“抓修复”，对生态环境进行严格监管，实施生态环境损害赔偿制度，坚持“多规合一”，管控生态空间。

### （三）统筹实施区域协调发展重大战略

党的十九大报告深刻指出，实施区域协调发展战略是贯彻新发展理念、建设现代化经济体系的重要组成部分。近年来，安徽省高度重视统筹实施区域协调发展，在区域发展格局上也取得一定成效。但受制于发展基础，全省区域发展差距仍然较大，区域发展不平衡不充分问题也比较突出，区域分化态势仍在持续。为引领全省各区域更高质量发展，缩小区域间发展差异，可以从以下两点来突破解决区域分化问题。

第一，实施长三角区域一体化发展战略。长三角区域一体化发展是党中央确立的重大发展战略，是安徽省协调区域发展和推动高质量发展的重要动力源。安徽省必须将长三角一体化发展战略作为重大抓手，主动融入长三角一体化发展，深度参与战略规划纲要编制。三省一市也要贯彻落实长江三角洲城市群发展规划，健全协同机制，强化三省一市城市功能的互动互补，构建分工协作、各具特色的空间格局，深化细化相关配套政策。同时也要聚焦协同创新，将创新作为长三角高质量一体化发展的根本动力。积极推进G60科创走廊宣芜合段建设，加强科技创新、科技资源配置协同，加快推进长三角更高质量一体化发展。

第二，统筹推进区域联动发展。统筹推进区域联动发展，是构建有效区域协调发展新机制的重要内容。以实施城市群发展为主要战略，推动安徽与江浙沪一体化协同发展、各地市之间联动发展，促进马鞍山、芜湖、铜陵、池州等城市的同城化发展。并依托合肥都市圈的发展，加快建设合淮产业走廊、合六经济走廊，持续推动“一圈两带三区”协同发展，打造安徽高质量发展的动力系统。同时加快推进皖江示范区产业转型升级，加大对皖北地区基础设施和公共服务建设的支持力度，加快建设高水平的皖南国际文化旅游示范区，实施大别山革命老区振兴发展战略，继续促进资源型城市转型。

（四）大力推动制造业高质量发展

建设现代化经济体系，必须把发展经济的着力点放在实体经济的核心制造业上。制造业是国民经济的主体，也是推动经济高质量发展的关键产业。近年来，安徽省以制造强省建设为重心，加快推动制造业发展，在传统产业改造升级和开发新兴产业等方面取得一定成效。而结合当前经济发展新形势和高质量发展要求来看，安徽省推动和发展制造业任重道远。要突破制造业发展不平衡、不充分以及发展动能不足等问题，还需要从以下几个方面发力，大力推进制造业高质量发展。

第一，推进企业优胜劣汰和传统制造业改造升级。稳步推进企业优胜劣汰，加快处置“僵尸企业”和出清产能过剩的行业，有序推进结构性去产能。加快传统制造业改造升级也是推动制造业高质量发展的关键，从全省的发展格局来看，传统制造业在制造业中占比较大，而制造业领域的结构性矛盾主要在于低端供给过剩和高端供给不足。所以传统产业要发挥其比较优势，运用技术改造和产品升级等方式来改造提升传统产业，引导企业积极开发新产品，不断提高产品性能，持续改进生产工艺，实现“精品制造”和“绿色制造”。

第二，推动战略性新兴产业集群发展。充分利用安徽省拥有良好基础的智能语音、新能源汽车、工业机器人、存储芯片、液晶显示等产业优势，加快培育这些新兴产业的战略性集聚发展基地，并在区块链、人工智能、智能网联汽车、虚拟现实、量子通信等具有革命意义的新兴产业领域谋篇布局，加快形成一批具有国际竞争力的产业集群，使制造业朝高端化、智能化发展。同时以提升产业链水平为目标，以规模化发展为导向，深入推进“三重一创”，调整优化支持“三重一创”建设的各项政策。加快构建特色鲜明、链条完整的现代产业体系。

第三，加快发展人工智能产业和数字经济。人工智能已成为新一轮科技革命和产业变革的核心驱动力，可优化制造业产业结构。安徽省应以“中国声谷”为发展核心，集聚人工智能领域产业发展要素，出台各项专项政策。在政策资金及产业资源上，全力支持中国声谷建设人工智能产业生态体系，打造全球人工智能产业高地，整体提升安徽人工智能产业竞争优势。同时，大力发展数字经济，加快“数字江淮”建设，研究编制“数字江淮”建设总体规划和中长期规划。支持数字技术创新，培育“互联网＋制造”示范。实现 4G 网络全覆盖，并抢抓 5G 商用机遇，加大 5G 相关芯片、终端的前沿切入力度，建设一批数字经济示范基地，加快推进大数据产业集聚发展。

（五）坚持民生优先，切实保障和改善民生

民生是人民幸福之基、社会和谐之本。在改革开放 40 周年大会上，习近平总书记提出，“必须坚持以人民为中心，不断实现人民对美好生活的向往”。近年来，安徽省在发展中切实保障和改善民生，深入实施民生工程，切实抓好教育、医疗、就业、社会保障等基本民生工作。但在基础设施、基本公共服务等领域仍存在不少短板，与人民群众对美好生活的向往和期盼尚有不小差距。那么安徽省应该如何进一步提升公共服务来改善民生，实现人民对美好生活的向往？

第一，实施积极的就业政策，持续扩大就业规模。鼓励创业带动就业，加强创业载体建设，打造互联网创业就业平台，整合集聚更多全国优质创业资源，为服务对象提供基本就业创业服务。深入开展“创业江淮”行动，推动各类人员投身创业大潮，营造新的就业增长点，实现创业就业良性循环。加强重点群体就业，特别是高校毕业生、农民工、退役军人等群体，重点实施就业促进、创业引领、职业技能培训等措施，确保零就业家庭动态清零。实施重点地区就业援助计划，对结构调整中的下岗人员，多渠道、多方式提供就业培训和服务。落实“2＋N”招聘日工作制度，全省联动、常态化开展招聘活动，为创业企业提供强有力的人力资源支撑。

第二，推动教育优质均衡发展。为切实保障和改善民生，办好优质教育，安徽省应将《安徽教育现代化 2035》作为今后教育工作的重点。重视义务教育均衡发展工作，推动学前教育深化改革规范发展，推进智慧学校建设。提升教育资金投入比例，教育投入继续向困难地区和薄弱环节倾斜。推动城乡义务教育一体化发展，推进城乡义务教育均衡发展。加强乡村学校教师队伍建设，缩小城乡学校的师资差距。加快普及高中阶段教育，推动普通高中优质特色发展。大力支持高校“双一流”建设，促进高等教育内涵式发展。

第三，切实做好医疗服务和社会保障工作。推进医共体建设试点，升级医疗卫生服务体系，实现基层医疗水平和区域内就诊率“双提升”。扎实推进县域医共体的帮扶作用，通过上级医院知名医生下基层坐诊、帮教基层医生等方法来提高基层医疗服务水平。支持发展新型医疗服务模式，科学合理确定医疗服务项目和价格政策，开展医疗共享服务试点。提高基本医保和大病保险保障水平。加快构建以居家养老为基础、社区为依托、机构为支撑、医养相结合的多层次养老服务体系，全面落实基本养老金和高龄津贴发放政策，完善城乡居民的养老保险制度。解决群众住房问题，落实城市主体责任，推进保障性住房建设和城镇棚户区改造，保障困难群体基本的居住需求。完善住房市场体系和保障体系，促进房地产市场平稳健康发展。

# 参考文献

[1] 余华银，张焕明．安徽经济发展研究报告 2018［M］．合肥：合肥工业大学出版社，2018.

[2] 余华银，张焕明．安徽经济发展研究报告 2017［M］．合肥：合肥工业大学出版社，2017.

[3] 余华银，张焕明．中国经济开发区投资环境综合评价［M］．北京：科学出版社，2010.

[4] 徐国祥．统计预测和决策（第五版）［M］．上海财经大学出版社，2016.

[5] 梁昊光，游霭琼，王德利，等．中国区域经济发展报告（2013－2014）［M］．北京：社会科学文献出版社，2014.

[6] 余华银，杨烨军，宋马林．安徽新型工业化问题实证研究［M］．沈阳：辽宁大学出版社，2009.

[7] 张焕明．我国经济增长的地区性趋同理论及实证分析［M］．合肥：合肥工业大学出版社，2007.

[8] 合肥区域经济与城市发展研究院，安徽大学区域经济与城市发展协同创新中心，合肥市政府政策研究室．区域经济与城市发展研究报告 2017—2018（服务地方的路径与策略研究）［M］．北京：经济管理出版社，2019.

[9] 王彤．中国区域经济高质量发展研究报告（2018）［M］．北京：经济管理出版社，2019.

[10] 安徽省统计局，国家统计局安徽调查总队．安徽省 2018 年国民经济和社会发展统计公报［EB/OL］．http：//tjj. ah. gov. cn/tjjweb/web/info _ view. jsp? strId = fa3e804a5fea425db132860746f03c3e&strColId = 14000601479283576&strWebSiteId = 13781720451562390& _ index=0，2019－03－01.

[11] 河南省统计局，国家统计局河南调查总队．2018 年河南省国民经济和社会发展统计公报［EB/OL］．http：//www. ha. stats. gov. cn/sitesources/hntj/page _ pc/tjfw/tjgb/qstjgb/article3b4b5705732141958b23db0c1f9877ec. html，2019－03－02.

[12] 湖北省统计局．湖北省统计局月报［EB/OL］．http：//tjj. hubei. gov. cn/info/iList. jsp? cat _ id=10547，2019－01－25.

[13] 湖南省统计局．湖南省 2018 年国民经济和社会发展统计公报［EB/OL］．http：//tjj. hunan. gov. cn/tjfx/tjgb/jjfzgb/201903/t20190313 _ 5294170. html，2019－03－11.

[14] 江西省统计局．2018 年全省主要经济指标［EB/OL］．http：//www. jxstj. gov. cn/resource/uploadfile/file/20190124/20190124095301890. pdf，2019－01－24.

[15] 山西省统计局，国家统计局山西调查总队．山西省 2018 年国民经济和社会发展统计公报［EB/OL］．http：//www. shanxi. gov. cn/sj/tjgb/201903/t20190318 _ 522329. shtml，2019－03－10.

[16] 上海市统计局，国家统计局上海调查总队．2018 年上海市国民经济运行情况［EB/OL］．http：//tjj. sh. gov. cn/html/xwdt/201901/1003025. html，2019－01－22.

[17] 江苏省统计局，国家统计局江苏调查总队．2018 年江苏省国民经济和社会发展统计公报［EB/OL］．http：//tj. jiangsu. gov. cn/art/2019/3/8/art _ 4031 _ 8257205. html，2019－03－08.

[18] 浙江省统计局，国家统计局浙江调查总队．2018 年浙江省国民经济和社会发展统计公报［EB/OL］．http：//tjj. zj. gov. cn/art/2019/2/28/art _ 1525568 _ 30567532. html，2019－02－28.

[19] 重庆市统计局，国家统计局重庆调查总队．2018 年重庆市国民经济和社会发展统计公报［EB/OL］．http：//tjj. cq. gov. cn/tjsj/shuju/tjgb/201903/t20190319 _ 454564. htm，2019－03－19.

[20] 四川省统计局．2018 年四川省国民经济和社会发展统计公报［EB/OL］．http：//tjj. sc. gov. cn/sjfb/tjgb/201903/t20190306 _ 276521. html，2019－03－06.

[21] 云南省统计局，国家统计局云南调查总队．云南省 2018 年国民经济和社会发展统计公报［EB/OL］．http：//www. stats. yn. gov. cn/tjsj/tjgb/201906/P020190614368018607923. pdf，2019－06－14.

[22] 贵州省统计局，国家统计局贵州调查总队．2018 年贵州省国民经济和社会发展统计公报［EB/OL］．http：//stjj. guizhou. gov. cn/tjsj _ 35719/tjgb _ 35730/tjgb _ 35732/201904/t20190404 _ 3789972. html，2019－04－03.

**图书在版编目(CIP)数据**

安徽经济发展研究报告 2019/余华银,张焕明著．—合肥:合肥工业大学出版社,2019.7

(安徽财经大学服务安徽经济社会发展系列研究报告 2019)

ISBN 978-7-5650-4554-7

Ⅰ.①安… Ⅱ.①余…②张… Ⅲ.①区域经济发展—研究报告—安徽—2019 Ⅳ.①F127.54

中国版本图书馆 CIP 数据核字(2019)第 140882 号

**安徽经济发展研究报告 2019**

余华银　张焕明　著　　　　责任编辑　何恩情

| | | | |
|---|---|---|---|
| 出　版 | 合肥工业大学出版社 | 版　次 | 2019 年 7 月第 1 版 |
| 地　址 | 合肥市屯溪路 193 号 | 印　次 | 2019 年 7 月第 1 次印刷 |
| 邮　编 | 230009 | 开　本 | 710 毫米×1010 毫米　1/16 |
| 电　话 | 综合编辑部:0551-62903028 | 印　张 | 10.5 |
| | 市场营销部:0551-62903198 | 字　数 | 148 千字 |
| 网　址 | www.hfutpress.com.cn | 印　刷 | 合肥现代印务有限公司 |
| E-mail | hfutpress@163.com | 发　行 | 全国新华书店 |

ISBN 978-7-5650-4554-7　　　　总定价:330.00 元

如果有影响阅读的印装质量问题,请与出版社市场营销部联系调换。